寝るだけで運が良くなる

お守りの法則

たかみー 著

こげのまさき マンガ

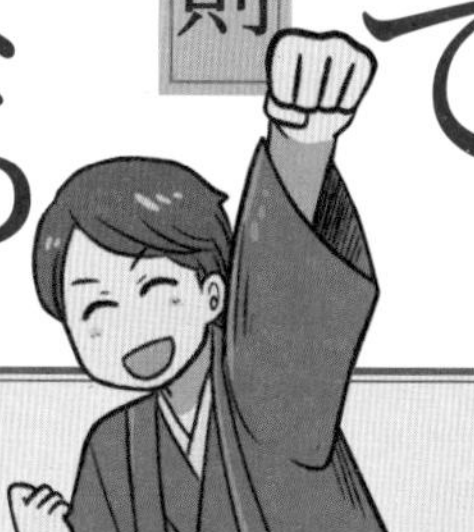

Arcadia

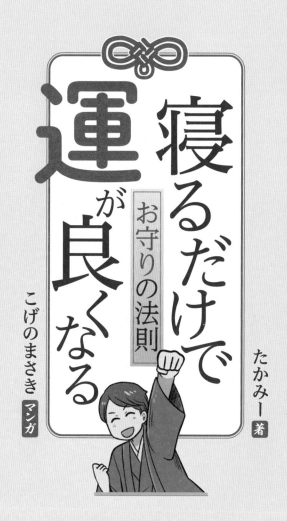

私は人好愛美
日々の癒しは運気UPのチャンネルを見ること…
はぁ〜
疲れた
今日もついてなさすぎ…
ポチ
そこのアナタ!!
へ
運がないなと思うことありませんか?
ドン
金運師
たかみー
ええっ
動画が話しかけてきた!?
っていうかその通りです
運ないです!!
今日も私だけおまけもらえなかったり電車間違えて遅刻したり…
あらら
それは…
守られていないから
かもしれませんよ!!
ええ!?
バアアアアン
あなたのあまりの守られてなさについ声をかけちゃいました
…
マジですか…

アナタには…
守られることで
運気を上げていく
護
守
「お守りの法則」
をお伝えします！
守られるって
どういう…？
「守り」とは…
神様や
運気の流れ
そして
人とのつながり…
仕事
金運
運
恋愛
健康
わあ…
あなたを取りまく
さまざまなものです
家族
友人
恋人
でも言葉や生活の悪さ
などちょっとのことで
人も運気も離れ…
運
守りは薄く
なってしまうん
です
ひい
ステーン！
ちょっとのことで
そんな方向に…
生活や言葉…
ええ…
でも
逆に言うと
ですね

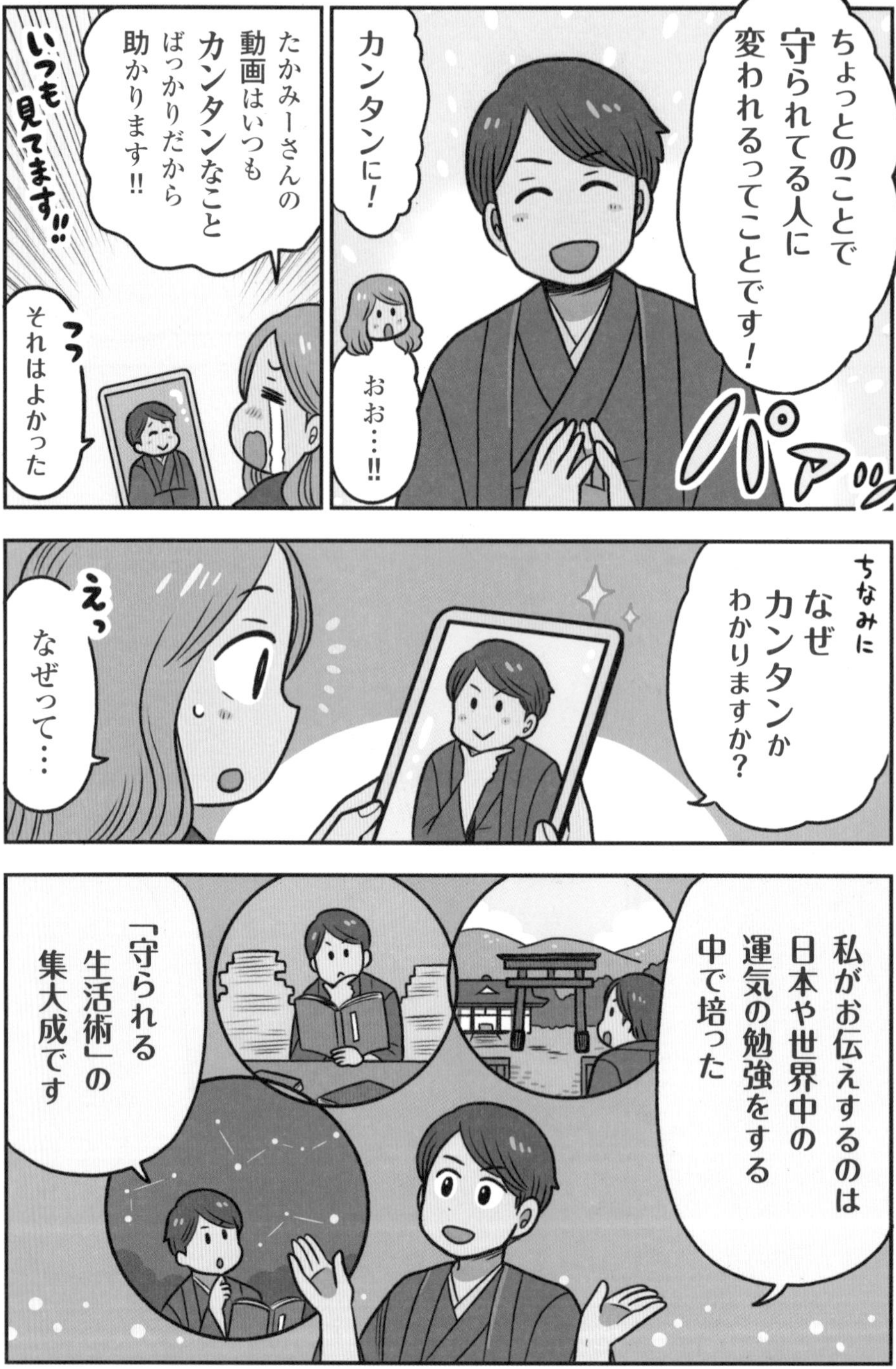

ちょっとのことで守られてる人に変われるってことです！
パァッ
カンタンに！
おお…!!
たかみーさんの動画はいつもカンタンなことばっかりだから助かります!!
いつも見てます!!
うう
それはよかった
ちなみになぜカンタンかわかりますか？
えっ
なぜって…
私がお伝えするのは日本や世界中の運気の勉強をする中で培った
「守られる生活術」の集大成です

私が培ってきた
いいとこだけ
教えちゃうから
カンタン
なんですよ！
しーっ
なるほど
いいとこどり
だったんですね!!
ありがとう
ございます!!
いろんな方の実例や
私が
実践してる
ルーティンも
わかりやすく紹介
していますし
たかみーさんが
マジでやってるやつ…！
たかみー特製の
祝運シールも
お渡ししますので
ボボン
これがあれば
守りは
バッチリです！
画面から
でてきた!!
祝
運
じゃんっ
守られてさえ
いれば
寝てても運気は
UPします！
さあ
始めましょう！
おーっ!!

はじめに
Message from たかみー

本書を手に取って下さり、ありがとうございます。たかみーです。

僕はYouTubeで「金運上昇チャンネル」という動画を公開していますが、おかげさまで26万人以上の方にチャンネル登録をしていただいています。日々、フォロワーの方からもたくさんメッセージをいただきますが、その中で感じているのが、いまの世の中、自信をなくしている人や孤独を感じている人がとても多いということです。ほんのちょっとの気づきがあれば明るく自信を持って力強く生きていけるはずなのに、実にもったいないと思っていました。そんな方々にぜひ自分も「守られている」ことを知って、開運してもらいたいという願いから、本書を出版することにしました。

開運することは難しいことではありません。そもそも人間は元来、生きているだけで運がいい存在です。僕はそう思っていますし、それを信じるだけでも運は開けていきます。自分を運が悪いと思っている人は、本来持っている運を自ら封印しているのです。

これまで2冊ほど金運アップの本を出してきましたが、本書は少し違って心の部分についても触れています。心の持ち方と現実面を少し変化させるだけで、カンタンに開運する方法を漫画や図解を交えてわかりやすく解説しています。実践していただければ、もちろん金運アップにもつながります。僕自身の開運法も公開していますので参考にしてみてください。

そして、開運を目指す皆さんを強力にサポートしてくれる本書だけの特別なアイテムを付録につけました。それが**貼るだけで守られる！「祝運シール」**です！ 使い方について詳しくはぜひ本書を読んでいただきたいのですが、これを心のよりどころとして「自分は守られている」と感じるための、たかみーオリジナルのお守りシールです。開運パワーをたっぷり封じ込めてありますから、これをどんどん活用することで、あなたの運もますます開けていくことでしょう！

本書を読んでいただいた皆さんが開運して、毎日楽しく過ごしていただければ幸いです。

2023年12月　たかみー

もくじ

1章-1
そもそも
守られていないとは
どういうこと？
わたしは
金運師たかみー
金運UPの
チャンネルを
運営しています

2章-1
守られるための
マインドセット
はぁ…
おや どうしました？ 彼氏さんと うまくいったのでは？
たかみーさん〜 それが〜！

第3章 守ってもらえる環境づくり

第4章 守られて寝てリセット

第5章

守ってもらえる行動、日常のルーティン

〈図解〉これで完璧！守られているお部屋

本書特製〝祝運シール〟の使い方

第1章

不運の原因は全部、守られていないから

1章ー1
そもそも
守られていないとは
どういうこと?
わたしは
金運師たかみー
金運UPの
チャンネルを
運営しています
動画にいただく
コメントを見ていると
たまに気になる
ものがあります
うーん…
この人は…
特に
〝守られてなさ〟
を感じるな
コメント:
この人も
人間関係に
ずううん…
健康に…
仕事に
そして
みんな
お金に
ついて
お金
とても
悩んでいますね

少しのことで変われるのに!!
そのことをお伝えしたい…
うーーーん…
どうすれば…!
ーーと思っていたら
不思議なパワーが動画に宿り
なぜだかつながれるようになっていたので…
声をかけちゃいました!
ピカァアァ…
なんか奇跡起きてるし私ってそんなにも守られていない人なの!?
・守られてない人No.1
人好愛美《ひとよしまなみ》
悩み:人間関係
そうーではまず守られていないとは
どういうことだかわかりますか?

わかりません!
キッパリ
でも
なんかヤダ!
守られたい!
そうですよね
まずはそこを
説明しましょう
ここで
言う
〝守り〟
とは…
運や神様
人間関係など
自分をとりまくもの
運
神様
ヒト
多かれ少なかれ
誰しもが持っている
もののことです
はい!それは
さっきも
聞きました
「はじめに」で…
では、〝守られて
いない人〟ですね
運や人間関係
が「守り」とは
言っても
たまたま
タイミングが
合わないことだって
ありますよね
スカッ
チャンス
チャンスを
逃すときも
ある――
でもそこで
あそぼ…
また
今度ねー

すごくネガティブになったり
スカ スカ…
もしかして私って人に好かれてないしついてない…のかも
ずん…
——なんて思うのが良くないきっかけになっちゃうんです
ぎくり
少しのきっかけからどんどんネガティブにマイナス思考になって
ヒト
マイナス思考
ネガティブ
運
神様
あ——っ
自分で自分を追い込んでしまい…
そのくり返しでどんどん運や人の縁も離れていってしまう
その結果が
ヒュウ…
〝守られていない人〟なんです

すっっっっごい…
思い当たります
そうですか
私すごいネガティブ思考で
毎日〝今日もついてなかった！〟とか言っちゃうし…
私、誰かと話すのはすごく好きなんです！
もっと話したいなと思って頑張って誘うんだけど…
ごめん今日ダメなんだ
断られると
もしかして私嫌われたのかな…
なんて思っちゃって
ドキ…
どんどん話しかけるのが怖くなって自分から連絡できなくなって
気がついたら一人…
LINNE りれき
4ヵ月前
こんなに経っちゃった…
私ってまさに守られてない人ですねネ…
どうしたらいいんですか〜〜〜〜！
ひっ
では…
今すぐできることを教えましょう
えっ

まずは自分で自分を
守られている人だって思っちゃいましょう!!
ピカーーーッ
ピカピカーーッ
まぶしっ
ポ…ポジティブ過ぎてまぶしいですたかみーさん!!
ピカァァアアアァ
てか守られてないのに勝手に思っちゃっていいの!?
いいんです!!
ドーン
病は気から、ネガティブも気から!
だって今の話でも嫌われてるかもって…自分で決めつけてませんか?
あ…
逆に相手だってこう思ってるかもしれませんよ
断って悪かったな…嫌われちゃったかも…
あ…!

だから
ネガティブに
気にしすぎないで
また声をかけて
みればいいんです
また あそぼう!!
縁
!
それが人との
縁――…
守りに
つながり
ますから
それに
「心配ごとは実際には
4%程度しか
起こらない」という
話もあるんですよ
アメリカで
研究されて
いるそうです
でてきた
にゅっ
え…
起こらない
かもしれない
ことを心配して
自分の行動を
縛り付けるなんて
もったいないですよ!
守られていると
思えば
守り
怖がらず
チャンスも掴みに
いける!
そう!
本当に
そうですね…!
そうです!
でき
ますよ!
言って
みて!
できる…

私は できる… めっちゃ 守られる!!
ウオオオ…!
口に出してみる、というのも自分の意識の変化にすごく良いです!!
私も やってます よ!!
後日
たかみー さんーっ
聞いて!
勇気出して カレに連絡したら むこうも フラれたかもって 怖かったん だって!!
復縁できたし 今から ゴメンねデートな の〜〜ッ♡♡
よかった ですね!
しかもお詫びに きょうは オゴッてくれる って♡
やった♡
お♡
金運も上がってる かもですね!
たかみーさん ありがとーっ
さぁ次の! 守られていない 人は…!?

2-1へつづく!

守られていない＝不安が常につきまとっている状態

皆さんは、目には見えないさまざまなものから守られようとしています。しかし、それに気がついていない、それを受け入れていない「守られていない人」がとても多いのが現実です。これは本当にもったいないな、といつも感じています。

守られていない人には、常に不安がつきまとっています。自信が持てず、新しい挑戦をするのも怖くてできない。自分で自分の限界値を決めてしまっているのかもしれません。目標も漠然としていて、なんとなく不安を感じている。たとえば、ニュースで「老後の暮らしには〇〇万円必要だ」と言っていると、「お金が足りない！ 老後はどうすればいいのか？」と急に不安になる。ミッドライフ・クライシスといわれる40代、50代の人が漠然とした不安や虚無感に襲われるというのは守られていない人の典型的な例なんです。

これはやはり、ネガティブな思考が癖になっていることがひとつの原因だと思います。なにげないことでも、全部それをネガティブに捉えてしまう人っていますよね。そして、そこからネガティブ・スパイラルに陥ってしまう。これでは自ら運気を下げているのと同じことです。

守られていると感じるだけで、気が楽になる

これは、たかみー自身の経験ですが、以前僕は多額の借金を抱え、来る日も来る日も、朝から深夜まで休みなく仕事をしていて、「この借金生活っていつまで続くのか」とか、「体はボロボロでいつまで働き続けられるかわからない」と、すごく先行き不安でした。

そこで何をしたかというと、この起きてもいない不安な出来事を考えることをやめたんです。研究データでも心配事の大半のことは起こらないといわれていて、実際に起きるのはわずか4パーセントくらいなのだそう。だから、ほとんど起こらないんです。

ネガティブな面にフォーカスをしてると、何をやっても不安になってしまいます。でも、僕は当時、自己啓発などいろいろな講座を受講し、もちろん不安もまだありましたが、「もうそんなこと言ってられない！」みたいな感じになって、不安に対して一喜一憂するのをやめました。その代わりに「自分は守られている。大丈夫」と思うことにしたのです。その瞬間からだんだん良くなっていった感じです。本当にたったそれだけ、気持ちを切り替えただけなんです。

守られていると感じられるもののひとつに、僕がＹｏｕＴｕｂｅの動画でもお伝えしている「吉日」があると思います。マヤ暦を学んで日々の運気を知ると、最初からなるべくしてなってるんだというような、宇宙から応援されてるみたいな感覚になります。そして、僕は吉日にアクションをすることで、すごく良い気持ちになります。ここは他人軸ではなく、自分から動くということを意識しています。そうすると、自分が決断をすることによって、自分の人生を自分が動かしていってる感覚になっていきます。そのくり返しで、自我が目覚めてきて、何かあっても解決できる、自分で責任を負えるという覚悟が決まっていったのかなと思います。自律であり自立。それで人生が好転したと思います。

おそらく吉日というのは、スピリチュアルの好き嫌いとは関係なくいろいろな人がなにげなく意識してると思うんですよね。たとえば結婚式は大安にするとか、お葬式は友引を避けるとか。大安に結婚式をするとなぜいいのかって、多分みんなわかってはいないですよね。でもやっぱりいい日にしたい、と思うんですね。一年がいいものになるように初詣に行ったり、豊作を願うお祭りをしたり。どれも未来が良くなるようにという願い。守られたいという気持ちの表れなんですよ。

不運なのは守られていないから

ところで皆さんは、自分のことを運がいいと思っていますか？　それとも不運だと思っていますか？

不運に感じているというのは言い換えたら自分をネガティブに捉えてるということ。自分は孤立してるとか、そんな風に考えていると、余計に守られていない、誰も守ってくれないような気持ちになるのだと思います。まずは気持ちから変えていくと良いですよ。

ピンチやチャンスのときに、自分の力を遥かに超えた大きな力を感じることってあると思うんです。引き寄せやミラクルが重なって、こんなチャンスがあるの？　みたいに感じるときには、神様が応援してくれたのかな、そういう目に見えない存在に守られてるのかなって感じます。これを逆にいうなら、不運に感じるのは、守られていないことが原因かもしれないですね。

そしてもうひとつ、いわゆる「言霊」というのはすごく大きいと思います。僕は「こうなったらいいな」ということを口に出してみると、本当にそれが起こることがあります。ある朝起きて、出張に行く前に「今日なんかすごいことが起きるよ」と口に出したら、移動の際に、スピリチュアル界ではとても有名な人が隣の席に座っていてお話しする機会に恵まれたことや、その後の出張先でも、ちょっとしたミラクルがあって、「これはなんか偶然じゃないな、重なる時は重なるものだな」と、思ったことがあります。

もっと現実的なことをいうなら、お金を貸したけれど返ってこなくて。諦めていた時期があったのですが、それが突然ポンと返ってきて、ちょっとした臨時収入が入ってきたようなことは何度かありました。以前、30万円するコミュニティがあり、どうしても僕はそれに入りたいと思ったのですが、お金がなくて払えなかったんです。特に当てはなかったのですが、「ちょっと待ってください。1週間でなんとかします」と言って待ってもらうことにしました。結局お金は集められないまま時間が過ぎていったのですが、ちょうど入金の〆切にあたる二日前に30万円ピッタリの臨時収入があったんです。

そのとき、お金がなくても自分は運が悪いとは1ミリも思いませんでしたし、なんとかなるっていう気持ちを持っていたので、きっとそれが大きかったと思いますね。でも、これだけ金額がピッタリだと、さすがにちょっとゾッとしましたね。

どうでしょうか？　これを読んでもまだ「自分は不運だ」と思いますか？　ぜひこの本を最後まで読んでいただいて、あなたも「守られる生活」を始めてくださいね！

1章-2
自ら守りを拒否している人もいる
ヒック
――まあなんだ
BEER
・守られてない人No.2
起山《きやま》 業《ごう》
悩み:仕事
たかみーさんは俺が守られてなさすぎだから直接声をかけてくれて
それで〝守られる〟ってのはどういうことか
さらにはネガティブになるのが良くない――……
ってのはわかったけど
実際ポジティブになんてなれねーわ!!
仕事もクビだしカネも全然ねえし会社のせい
同僚も上司もクソばっかりで
ちくしょうめが~~!!!
ギャーーーッ
BEER
う~ん 典型的な守りを拒否している人ですね…

俺が拒否している!? どういうことだよ
そうですね
ちくしょーめ!!
口癖が悪い人
ぐさっ
ぐさ
人のせいにする自己中心的な人…
汚部屋
ぐさ
それが典型的な〝守りを拒否している人〟の特徴なんですが…
思い当たる節がありすぎだろ…
ちくしょーめ…
ぐさっ
ネガティブ
そしてネガティブ!
ぜひ守られる人になってほしいですね…!
ボンッ
でもよ…こんな状態に
俺だってなりたくてなった訳じゃねえのによ
ちくしょう…
BEE
―
そうかもしれませんね… 今の時代先の見通しもわからなくて…外の要因に押しつぶされてしまう人も多いんです
…!

不安定な現代社会のプレッシャーに無意識に追い立てられてしまう
いくら自分でポジティブでいようと思っていても…です
ゴゴゴ…
プレッシャー
うっ
また40〜50代の人に起こる〝ミッドライフ・クライシス〟も
ライフステージが激しく変化する年代の心の問題として注目されています
50代
じゃあやっぱり俺のせいじゃないじゃん！
社会のせい！
年のせい!!
でも！
気持ちはわかりますが
そこでそう思わないでほしいんです！
そうですね…
あなたにはもう少し
自立（自律）することをオススメします
おぉお…
じりつ…
？
ええ！自分で立つ自分を律する！
人のせいにしない！

人と比べたり人のせいにしていたら満足なんてずっとできません!
自立・自律は
ポジティブ行動そのものです!!
自分で考えて自分で動く
そうすればきっと少しずつ運も守りも身についていきます
動くって言っても何を…
自分で考える!
自立…自律…人と比べない…
自分で
考え中…
仕事もない俺が今できること…
う————ん
…起業とかしちゃう!?
わあ…!
その意気です!!
でも口の悪い人なんて社長として成功なんて難しいですよ
そこはもちろん!改めますですよ!
わたくしガンバリますですヨ!!
さぁ!次の人は…

2-2へつづく!

「自ら守られることを拒否している人」とは

自ら守られていることを拒否するなんて、すごくもったいないと思いますよね！　でも、結構いるんです。それは、自分は運がいいと思っていない人。実際に運がいいかどうかは置いておいて、とにかく自分は運がいいんだと思える人にはお金持ちや、幸福な人が多いと思います。こういった人は何かあったときに運がよかったと捉えて感謝する回数が多いのも特徴で、逆に自分は運が悪いと思っている人は、感謝の思いが薄いか、感謝が生まれるまでのハードルが高かったりするようです。

昔、僕が講座を受講したときのことです。杖をついて入ってきたおばあさんが、帰りには歩けるようになったという出来事がありました。そのおばあさんはおそらく「この杖がないと歩けない」という思い込みがあったのだと思います。でも講座を受けて、実はそんなネガティブな考えこそが病気を引き寄せ、自分を不健康にさせていたということに気づいたのでしょう。おばあさんは自分は守られているということを受け入れたので、歩けるようになったようです。

「守られていない人」とは、こんな人

では、「守られていない人」というのは、どういった特徴がある人でしょうか？　これはまず、自己中心的な人。態度が横柄な人というのは周りに感謝もせずに、自分さえよければいいといった考えを持っている人だと思います。人は自分一人で生きているわけではありません。日常生活の中だけでも直接的、間接的に誰かのお世話になっているものです。自己中心的な人は自分に対して周りの人が何かをしてくれているとか、何かを与えてくれている、守ってくれているということを意識していません。実際に守ってくれる人が近くにいたとしても、そこに対して感謝もしなければ、そんな思いすらない。そうなると守っていてくれる人もいつか離れていってしまいます。周りの人を大切にしない人は周りからも大切にされないということです。同様に、神様などの目に見えない存在にも感謝をしない人は守られないようになっていくのです。

そして、自分自身を大切にしていない人というのも当てはまります。自分を大切にせず人に良くしていると、自己犠牲になってしまいます。自己犠牲は苦しくネガティブな気持ちへと繋がるので、自分を満たすということも大事なのです。

守られていない人は口癖からもわかります。「ありがとう」という言葉をあまり使わない人は、何かをしてもらったときに感謝や守りを感じていないということ。また、「どうせ私なんて」と言って自分を低く見ている人や、「できない」「無理」と言う人は、それを言うことで守られようとしているのかもしれませんが、逆に守りは離れていってしまいます。

それから、いわゆる汚部屋の人も要注意です。部屋が散らかっていることは、頭の中が散らかっていることでもあります。家の中には神様もいらっしゃいますし、神様も汚いところは嫌いですから逃げていってしまい、守ってもらえなくなります。汚い家は気の通りも悪いし、不運や災いを呼ぶといわれる邪気も溜まりますから、きれいにしておくことはとても大切なんですね。この守られる部屋についてはこの後の章でじっくりお話ししたいと思います。

守られている状態にすれば、運気が上がる!

「自分は実際に運がいいと思える出来事は何もない、だから運がいいなんて思えない」

よくそうおっしゃる方がいますが、実際その方も現代の日本という平和な国に生まれていて、その段階で僕は十分運がいいと思います。お金に苦労して、夜逃げをする経験をした人でも、それをしたから人生の再スタートを切ることができたわけです。運が悪いと思うなら、ちょっと見る角度を変えてみましょう。そして今が恵まれてること、守られていることを見つけると、心も良い状態になり運気も良くなります。

「エクスチェンジの法則」といって、ネガティブなことにはネガティブなことが、ポジティブなことにはポジティブなことが返ってきます。ですから、まずは自分が発する言葉や気持ちを変えていくことが第一歩です。そして、守られている人というのは、何かにつけて感謝をする傾向があります。感謝というのは、望む出来事を引き寄せる波動でもあります。その結果、周りの人からも好かれやすいし、感謝したくなる出来事が自分にも返ってくるのです。

そして、あなたを「守られている状態」にしてくれる必須のツールが、本書の巻末にある、貼るだけで守られる！「祝運シール」です。たかみーが監修して特別につくられた最強の開運シールで、これを手にしたあなたの運気はすでに上昇しているといってもいいでしょう。本書を読んで、このシールを活用してくださいね。

1章-3
目に見えないものに守られたい人が増えている
よぼ…
「守られていない」——ですか…
・守られてない人No.3
健田康子《けんだやすこ》
悩み:健康・ほかいろいろ
そうでしょうね…
人も寄りつかないし運もツキも神様も見離してるでしょう私のことなんて…
ハア…
ネ ネガティブ…!
パソコン
お金にも見離されてますから…
10000
ずーん…
——そして失礼ですがあなたは
あまり健康的でないようにも見えますね
体調は大丈夫ですか? 病院とか…
ボンッ
気になりすぎました…
まあそうでしょうね
…

お金がないから働き詰めですし睡眠も栄養もきっと足りていないでしょうね…部屋を掃除する時間もとれなくてダメだとは思っているんですが…
ずうん…
ひえぇぇ…
このままでは本当に体を壊してしまいますね…
“守られてなさ”が体の健康にも直接影響してしまってるかも
それなら…まだ1章ですが
……
え? 何の話です?
いえ こちらの話です
ゴソゴソ
これをお渡ししましょう
たかみー謹製
バァァァアン
祝運シール!!
祝運
祝運シール…!?
私が力を込め運気の上がる鳳凰と龍をかたどった
特製のシールです

詳しい使い方や
貼り方・場所などは
これから説明
していきますが
縁起よさそう…！
まず
あなたには
心のよりどころ
になる
シンボルとして！
不安定な
世の中、社会情勢
環境・経済…
政治にも
暮らしにも
安心して過ごせる
人が減っている
この今という
時代
目に見えないものに
守られたい人が
増えています
神様…
運気…
でも どうやって
頼ればいいのか…
たよりたいけど
どこに何に
どうすれば…
目に見えない
ものへの
頼り方　守られ方は
わかりにくいものです

そんなときも形あるよりどころがあれば
自分は守られてる…
と思いやすくなれます
安心感はこころの安定の第一歩!
次第に自分の行動にも影響がでて
少しずつ守られる方向へ変わっていけますよ
おお…
…!
ありがとう…元気が出てきました!!
パァァ…
おおっなんだかお若くなりましたね!?
急に!!
フフ…気の持ちようかしら♡
そう!守られていくにはそれが基本です!
パァァ…
さあ次はもっと詳しく「守られ方」をお伝えしますよ!
2-3へつづく!

目に見えないものに守られたい人が増えているのは

現在のように不安定な世界情勢のときには不安にもなるし、神頼みをしたくなる人も多くなります。また、そういった情勢とは関係なく、昔から戦国武将が必勝祈願をしたり、現代では多くの経営者が熱心に参拝をしたり、目に見えないものを大切にするという文化は古くから続いています。

最近目に見えないものを信じる人たちが増えているというのは、風の時代に入った影響もあるかもしれません。今までの地の時代では物質にフォーカスしていたところが、心にフォーカスされるようになり、世の中の価値観もシフトしています。働き方も変わり、昭和のような終身雇用が一般的ではなくなり、不安に陥りやすい状況ではありますが、一方で選択肢も増え幸せを感じやすくなったのも確かかなと思います。自由になって選択肢が増える分、自分で決断する数が増えてくると思うので、逆に言えば、それは自分軸を確立し、自立（自律）心が育っていく環境であるともいえます。

守られている状態というのも、また目には見えません。ついネガティブな心に傾いてしまったり、守られていることを感じられなくなったりするときがあるならば、ぜひ本書の付録である「祝運シール」を活用してください。これを見るたびに「あなたは守られている」ということを思い出してほしいと思います。

悩みを抱えた人が守られるためにできること

お金、人間関係、健康、仕事などの悩みを抱えているなら、現状を把握することが解決への第一歩です。お金に悩む人は、家計簿を見るのも怖いかもしれませんが、赤字という現実をしっかり見つめることで、無駄に遣っている部分もわかり、経費削減が可能になります。改善できるとわかり、具体的に何をしたら良いかわかると後は行動するだけなので希望がわいてきます。

また、悩みを抱えている人は「自分なんて守られてない」と思い込みがちです。そのネガティブな考えを手放すためにも、「これまでに自分が守られてきたと思ったこと」を書き出してみましょう。誰かに親切にしてもらったこと、通勤電車で席に座れたこと、道で転んでしまったけれど、無傷だったこと。この場合、「転んでしまった」ことで運が悪いと考えるかもしれませんが、「無傷だった」幸運に感謝しましょう。振り返れば、「あのとき、実は自分は守られていたんだ」と思うこともたくさんあると思いますよ。

さらに重要なのは、「寝ている間に守りをつくる」ことです。実は寝ている時間は誰もがあの世とつながり、ご先祖様や神様など高次元の存在、高次元の自分とコンタクトをとれるのです。その間に、未来を良くするための重要なアドバイスを聞いたり、人生を進めるヒントをもらうことができます。これが守られる上でとても大切なのですが、睡眠の乱れや寝室の乱れ、寝る前のスマホの利用、そして自らの波動の低さからうまくコンタクトができなくなっている人がいます。その状態が続くと守られにくくなりますから、質のいい睡眠でつながりやすい環境をつくり、前向きな気持ちになって波動の高い状態で眠りにつくことが必要になります。（良い睡眠のための環境については第4章で詳しく触れています）

そして、それを助けてくれるのが巻末にある、龍と鳳凰をデザインした、たかみー監修の貼るだけで守られる！「祝運シール」なのです。神様の使いである龍は高次元の存在とスムーズにコンタクトがとれるよう橋渡しをしてくれますし、愛と平安の象徴である鳳凰は見るだけで無意識レベルでの波動を高め、心の状態を整えてご先祖様や神様とつながりやすい状態をつくってくれます。それだけではありません。たかみーがこだわり抜いてつくりだしたこのシールは、邪気を超強力バキュームのように吸い取り、結界を張り、貼るだけであなたの運気アップを強力にサポートしてくれますよ。

特別付録

貼るだけで守られる！
“祝運シール”のご紹介

もっと「守られたい」あなたのために、
本書の巻末には特別なシールを付けました。
それが、たかみー監修の、
貼るだけで守られる！**超強力**な**“祝運シール”**です！

金運を上げる龍と、愛と平和の象徴である鳳凰という最強のモチーフ。「祝運」の文字は、明るい未来を「祝」い、前向きになれる「祝」と、それを運ぶ「運」の文字は、運気を上げる魔法の言葉です。これを貼ることであなたも最高にいい状態となり、強力な守りを得て、完璧な空間をつくりだせることでしょう。

寝室やクローゼットに貼るのはもちろん、スマホやパソコンに貼るのもお勧めです。本書を読み進めていただくと、自分の場合はどこに貼ればいいのか、きっと見えてくると思いますよ！

＊シールの使い方について、
詳しくは **P158** をご覧ください。

第2章

"守られている人"が成功する

2章ー1
守られるためのマインドセット
はぁ…
おや どうしました？ 彼氏さんとうまくいったのでは？
たかみーさん〜 それが〜〜！
うまくいってない…わけじゃないけど
なんかあいまいで進展もないかんじ…
カレ
私は守られてるぞ——！ってやってたけど
うおーーっ！
やっぱり思うだけじゃフワフワしててうまく気持ちが切り替わらないっていうか…
では
さらに具体的にイメージをするマインドセット法
予《よ》祝《しゅく》をお伝えしましょう
よしゅ…？
予習？ 復習？
？
「予《あらかじ》め祝《いわ》う」と書いて「予祝」ですね

まだ起きていないことでも
おめでとーっ!!
先に祝っちゃう!ということです!
えーっ!!
まだ起きてないのに!?
アリなんですか!?ソレ
アリです
想像するのは誰だって何だって自由ですから!
「祝う」ときは具体的に祝われている自分の姿をイメージして下さい
未来を予想する…というよりは〝すでに未来のそこにいる〟というイメージ
そこにいる…
えっと…今は1年後の6月かな
6月
何を祝われていますか?
彼との結婚式♡
どこで?誰に?
えっえぇと…
おっと
何を着ています?天気は?時間は?あなたはどんな気持ち?
そもそも6月何日の何曜日?
おおっと
えっとえっと

そんなに言われても！起きてないしわからないよぉ！
でもそこが大事ですよ！
ガンバって！
成功しているイメージをより具体的に持って
自分の感情を動かすことが大切なんです
あるアスリートは試合に向かう飛行機の中で自分が優勝しているイメージをして
涙が出るほど感動し喜んで…
1
ワァア…
その後実際に優勝！
優勝の感想を聞かれると
飛行機の中でもうイメージしちゃってて…
そっちの方が感動しちゃいました！
―と言ったそうです
へ〜〜！

「予祝」によって イメージの力で 自分の感情を 動かしたことが
こう したから
こう なった!
集中やリラックス そしてパフォーマンス のアップにつながった のかもしれませんね。
「予祝」とは 古くから 行われている 歴史の深い マインドセット法 です
え…
大昔にも 1位を願ったり してたの?
来年の豊作を 願い祝う お祭りなどが その一種ですね
おんだ祭
近畿や出雲地方で 行われる 稲作の動作を表現し 収穫後のお祝いまで 表現する 〝予祝〟のお祭り
なるほど! 来年の実りのことを お祝いしちゃうのね!
遊ぶことしか 考えて なかった!
「予祝」で マインドセット をして 目標を 具体的にし 自分の メンタルを 整えていくこと
守られる人に なるには 大切ですよ!
おー…
よし…!
改めて!
私も やってみます!

ええと…
今日は20××年
6月2週目の日曜日…
都内のあこがれてた
○△チャペルにいるわ！
私と彼の結婚式…
よく晴れてて
お父さんお母さん
うれしそう！
私は白いドレスと
彼はタキシード！
お色直しはピンクの
ドレスよ
それで…
その調子！
はっ
たかみーさん
どうしよう!!
最後の支払いで
お金足りなくて
困っちゃって…
お金貸して
下さい!!
請求書
□○×万円
ギャーッ
イメージ力、
豊富ですね
今じゃないですよね
でも具体的に
イメージできるのは
GOOD！
未来のイメージと
それに必要なものが
わかりましたね
プロポーズと
お金
コレね…
イメージがかたまると
漠然と
不安でいるより
ずっと前進していると
思いませんか？
はっ
はい…！
この
マインドセットを
活かして
いきましょう！

3-1へつづく！

守られるためのマインドセットとは

守られるために一番大切なのは、ご先祖様や神様の存在を大切にすることです。それらの存在を信じないことには守りは来ません。もしくは守ってほしいと思いながらも「本当にいるのかな」みたいに疑っていたら、やはり守ろうとしている神様、ご先祖様も気持ちがモヤっとしてしまいますよね。そうなると応援や守りも半減してしまいます。

守られる環境というのは自分でつくることができます。そのためにはまず、今自分には多くのチャンスがあって、守られてる環境にいるということを感じていただきたいと思います。自分と他人を比べてしまうことはあると思いますが、そこで自分を誰かより不幸だとか思わないことです。たとえば恵まれない環境で育った人でもすごくガッツがあって大きな会社を立ち上げたという人は結構いますよね。ハングリーな環境というのは長い目で見たらすごくプラスになっていると思います。またこの逆で実業家の家に生まれた二代目経営者が初代の築いたものをすべて失くしてしまうこともよくあります。

自分の環境を否定すると、守られない環境をつくり出してしまいます。ぜひ、物事の良い面を見るようにしていきましょう。それが守られるための第一歩です。

守られ効果絶大の「予祝」

「予祝」というのは読んで字のごとく、予め祝うことです。古来日本には五穀豊穣のお祭りがありますが、まだ春先に本当に豊作になった気持ちになって先にお祝いをするもので、これなどはまさに予祝です。

実は僕のコミュニティの中でも一番人気があるのが予祝で、かなりあり得ないような素晴らしい出来事も起きています。たとえば子宮に病気のあった人がわずか1か月後に妊娠をしたとか、マイホームが欲しかった人が親族から1000万円の資金提供を受けられることになったとか、奇跡的なことが次々と起こりました。

予祝ですが、僕のやり方には大きく分けて3つの手順があります。まず、日付とゴールを決めて書き出します。次に、決めた日付の時点でゴールを達成していることをイメージします。これは、未来に行くイメージです。そして、インタビュアー役の人が、「今、今年の12月31日にいます。どんな1年でしたか？何を達成しましたか？」などと質問をします。本当に叶ったんだと感じるために五感で味わってもらいます。そのために「どこにいますか？」「どんな表情をしていますか？」「どんな服を着ている？」「どんな気持ち?」と、質問してもらい、口頭で答えていきます。

夢というものを漠然と捉えている人も多いと思いますが、自分の夢を明確に発信して、それを達成したときのことを五感で実際に味わうイメージをすると、感情が動き出します。これがすごく大事なことで、遠いところに感じていた夢がすごく近く感じるようになります。そして感情が動くことによって潜在意識も動き出し、ナビの設定がセットされるように目標設定がなされ、行動ベースに落とし込めるようになります。そうなるともう自動的に目標達成へと向かっていくようになるのです。

2章ー2
守られる環境を自らつくっていく
さて!
自律してやっていくために…
ガンバって下さいー!
起業するぞって決めたからな!
まずは資金集めだ!!
ウォーーッ
オウ!
もしもしA男か!?
オレに金貸してくれ!!
B銀行さん
たのむよ
C彦
友達だろ
D社さん
お願い~!!
ウオォオォオ
全敗…
なんだよ
自立してやってみりゃ
守られて
成功するんじゃねーのかよ…
資金ゼロ
ちくしょーめ…
うーん…
ええと
何からお伝えしましょうかね
ボン

自立のため
と言いつつ
人に頼り
すぎ！
あと口が悪いの
戻ってますよ！
ぐさ
ぐさー
守られPOINT DOWN
そして…
守られる人であるには
人との関係は
大切なポイントです
GIVE AND TAKE
ギブアンドテイク
という言葉は知っていますね
おう!!
もちろん
知ってるぜ！
もらうけど
お返しも
するぜ！
っていう
…デスヨネ！
だから俺に
投資してくれりゃあ
あとで倍にして
返すって言ってんのに
それがですね…
よく見て
下さい ホラ
GIVE AND TAKE
えっ？
GIVEが
先なんです！
GIVE（与える）
AND
TAKE（取る）
なんだってーー!!

神さまに対しても
人に対しても
何かを願うときはまず
こちらから渡す
奉納
神様
おみやげ
ヒト
相手への
気持ちを
見せることが
できれば
信頼やつながりも
生まれます
そうだったのか…!
私も若くて
貧しかった頃
旅先で…
あと
3千円しか
ない…
でも!
おみやげ
えっ
たかみーさんにも
そんな頃が…
お世話になった
先生に
お土産を買って
お礼とご挨拶に
伺いたい…!
…すみません
この千円の
名産のお箸
下さい!!
ハーイ
¥1000
新幹線代が
足りなくなって
夜行バスでの
帰路に
なりましたが
ギュウギュウ
ギュウ
ブロロ…
せまい…
恩師への
お礼ができ
しっかり縁を
つなげられ
ました
自分が貧しくても
相手に与えられるものは
必ずあるんです

なるほど…ギブアンドテイクつってもオレはもらってからじゃねえと渡さねえ!って決めてた…
そこがもう守られない人間だったのか…
でもよォ会社がブラックでそんな奴ばっかりでよォ口グセもうつっちまったし…
ちくしょーめ…
そうでしたか
では会社をやめたのは良かったと思いますよ!
グチや不安悪い言葉が多い環境は守られず貧乏神もよりつきやすい
逃げっ
守られない環境
貧乏神
ぐち
うらみ つらみ
良くない人・環境と離れる〝人間関係の整理〞は大切です!
整理したあとは良い人と良い環境守られる環境を自分で築きましょう!
おお…!
守られる環境
福の神
感謝
思いやり
おっしゃあやってやんぜ!
ちっくしょー ビールはあとだ!
まずは手土産用意してこっちから挨拶に…
──それと

口の悪さも忘れず気をつけて!
オット!! やべぇ うっかり… デスネ!
うっかり忘れやすいことや日常のことは…
じゃんっ
・言葉使いに気をつける!
・ギブアンドテイクはギブから!
スマホなど常に見える所に書いておくのがオススメです!
目標なども書いて常に見えるようにしておくと
目標
起業!
常に意識できて自分の行動も変わってきますよ
よし! 目標書いて相手にはギブからっと…
ギブ…
ビール
たかみーさん♡ オレの飲みかけだけどこのビールどうぞ♡
ギブ♡
ビール
いろいろ教えてくれて
ありがとう♡
……
それはけっこうです
ギブする物も相手側の気持ちをよく考えて下さいね

3-2へつづく!

成功する人は守られていることを意識している

著名な経営者の方に神社が好きな人が多いという印象があります。たとえば年始に神社に行くと、有名な企業や経営者の方が、お金やお酒や果物のような物品を神社に奉納しているのがわかりますし、皆さん目に見えない力を大切にされているんだなと感じています。

あの「経営の神様」といわれた松下幸之助さんが熱心に神社参拝をされていたのは有名です。松下さんも貧しい環境で育ちましたが、そこから現在のパナソニックを創業し、大成功を収めました。これはまさに松下さんが守られている環境を自らつくっていったからだと思います。

目標を設定し、常に見られるようにする

僕も目標や夢を紙に書いて貼っていたりしますが、わかりやすい例を挙げるなら、よくドラマなどで部屋に「東大合格!」とか志望校を書いた紙を貼って勉強している学生さんが出てくるシーンを目にしたことがあると思います。どれくらいの人がそれを実際にやっているかはわかりませんが、このように

自分の目標を意識して、その大学に受かるために日々何をすべきかを考えて自分を律することはとても大事だと思います。

年始にその年の目標を立てる人は多いと思いますが、ほとんどの人がその目標を達成できません。その理由は「忘れているから」なんです。大半の人がどういう目標を立てたのか、それすらも忘れているんですね。実際毎日目標を見ている方というのは少ないし、目標を覚えてるだけで、全体のトップ10パーセントに入れるそうです。目標を書いた紙を貼ったり、手帳に書き込んだりして、毎日目標を見ている人はわずか1パーセントもいません。ですから、常に目標を意識していることは大事なのです。

これを言い換えるならば、常に守られているんだという状態をつくること。たとえば、この本の付録の祝運シールも活用していただいて、シールを見ることによって、自分が守られていることを意識するようにしてみてください。

しかし、これ以前の問題として特に最近の若い人は夢や目標を持たなくなったといわれています。目標がないというのは、地図を持たずに迷路の中を歩いているようなものかもしれません。一生懸命歩いているのに、どこに着くのかはわからない。もしかしたら、同じところをぐるぐる回っているだけかもしれません。これはとてももったいないことですよね。

でも、もし地図があって、どこに出口があるのかがわかっていれば、そこに向かって最短距離を歩いていくこともできます。目標があるというのはこういうことではないでしょうか。

もし、目標が持てないとお悩みなら、とりあえず自分の好きなことをしてみるというのでもいいと思います。目標がない人でも好きなことがある人は多いはずです。逆に嫌いなものが明確になるのも結構大事で、僕も満員電車はすごく嫌で乗りたくないという気持ちがあって、通勤を避けたいなという気持ちが、今の独立にもつながっているように思います。

そして、守られる環境をつくるための行動で大事なことが「ギブ」、つまり与えることとです。これは必ずしも先にお金を払うという意味ではありません。自分の持っている情報や時間でもいいですし、笑顔や、自分から挨拶することでもいいと思います。見返りを求めずに与えることとです。お金を使わなくても、相手が癒される、ポジティブになる、元気になることを提供することはできますよね。まさに「赤ちゃん」がそうです。赤ちゃんを見ているだけでポジティブな気持ちや、幸せな気持ちになりますよね。赤ちゃんは存在しているだけで、人にそういったものを与えているんです。つまり、与える力というのは誰にでもあるんです。

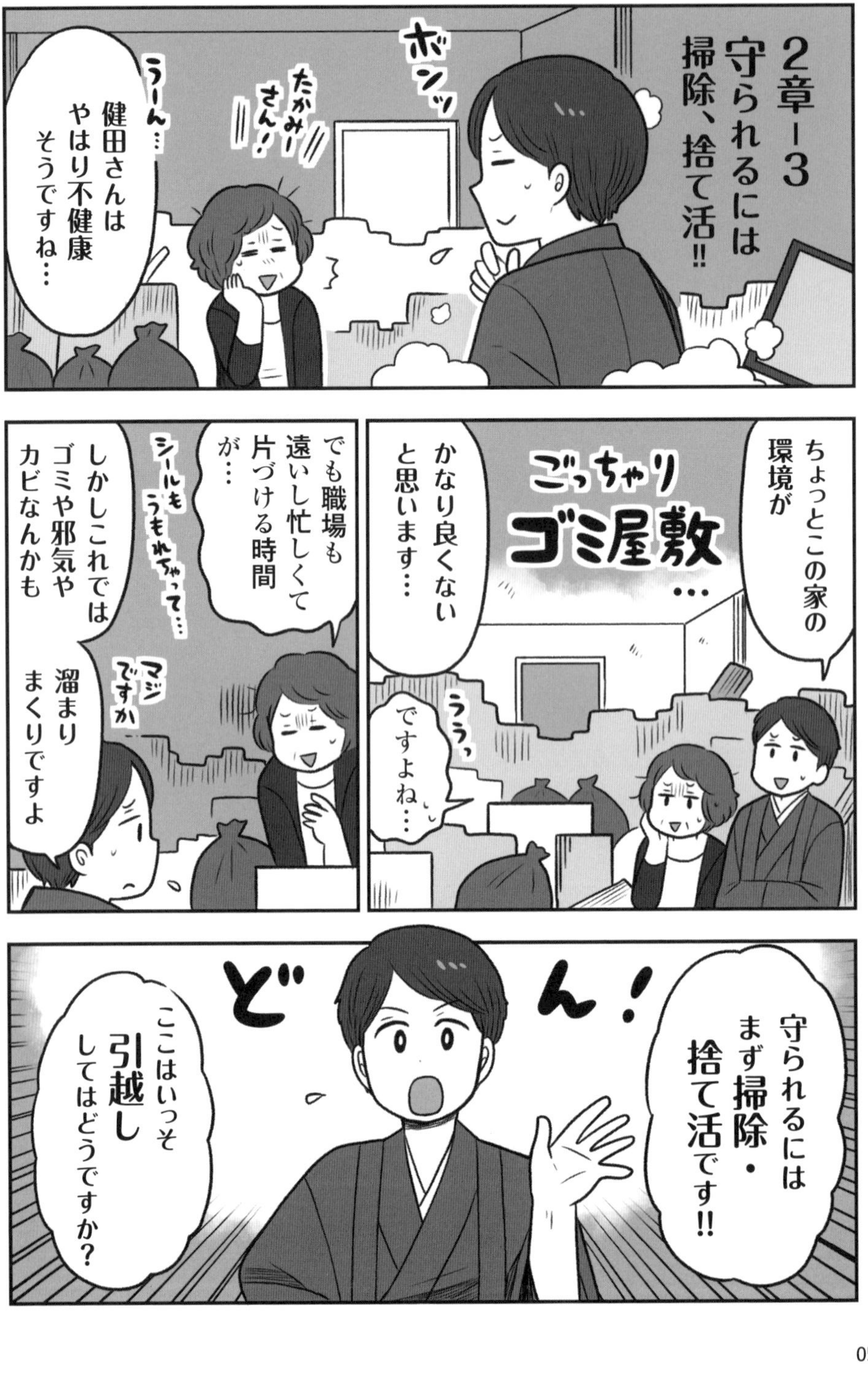
2章-3
守られるには掃除、捨て活!!
ボンッ
たかみーさん!
うーん…
健田さんはやはり不健康そうですね…
ちょっとこの家の環境が
ごっちゃりゴミ屋敷…
かなり良くないと思います…
ううっ
ですよね…
でも職場も遠いし忙しくて片づける時間が…
シールもうもれちゃって…
マジですか
しかしこれではゴミや邪気やカビなんかも溜まりまくりですよ
守られるにはまず掃除・捨て活です!!
どん!
ここはいっそ引越ししてはどうですか?

ええっ
でもずっと
ここに住んで
ますし…
突然言われても
そう！
ずっと住んでる
せいで
荷物を捨てた
経験がないでしょう
捨てた経験の
ない人には
引越しなど
強制的な
捨てる経験
が効きます！
捨てなきゃ
いる
すてる
引越せない…
引越しが難しければ
1部屋なにもない
部屋をつくってみる
なんていうのも
どうでしょう
なにもない！
そして
イメージ
してみて
下さい
まず
お金持ち
のお部屋
スッキリ。。。
次に
貧乏な
お部屋
ごちゃあ…

どう です？
実は お金持ちの 方が 物は少なく
そうでない人 ほど家が 物だらけな 傾向が あるそう ですよ
お金持ち
よいものを少しだけ
家に人をよべる 空気も 気もよい
お金ない…
安ければ買う なんでもとっておく
人なんてよべない どこに何があるのやら…
ですから…
でも お金ないし …私なんて ここで充分 なんです
健田さん…
…
健田さん あなたは まずは
自分の心を 満たしたり…
自分を大切に することから 始めましょう
○×スーパー
週に一つでいいですから 自分が本当に欲しいものを 考えて買ってみて下さい
フルーツ1つ とかでもOK です
安いからではなく 自分が本当に 欲しいものに 気づいて下さい
いちご…

心が満たされる
経験は
自らの本心に
近づけ
ますから
「私なんて」とか言わないで!
…
いちご
数日後
たかみーさん!
私
気づいた
思い出したわ!
私いちごが
大好きで…
いつかいちご柄が
いっぱいの部屋に
住みたかったって!
すてきな夢
じゃないですか!
ラ ラ ラ…
そんなことも
忘れてた…
自分を放って
おくのはダメね
引越して
やり直すわ!
まずは
捨て活ね!!
えーと
ここは
小学生時代の
地層ね…
なつかしいわー
そんな
頃から
ゴミ
あっ
シールも
あったわ!

3-3へつづく!

基本は掃除、捨て活

家の環境はとても大事です。何しろ自宅は寝室があるところですから人生の3分の1は確実に過ごすところです。その家が汚れていると不運を呼ぶ神様や、邪気といった、守ってくれる存在とは逆側のものが来てしまいます。掃除、捨て活を行って、ぜひ部屋をスッキリさせましょう。

とはいえ、なかなかものが捨てられないという人、結構多いですよね。そんな方に僕がアドバイスしているのは、ものを3つに分ける方法です。捨てるものと、捨てないもの、そして迷ったもの。迷ったものは半年とか一定のスパンを決めて見直すようにする。そこで何かしらの判断をすればいいと思います。いつか必要かもと思って捨てられないこともあるとは思いますが、本当に必要になったときにまた買えばいいと思っていると、意外と捨てられるものです。捨てられるメンタリティになるためには、とにかく1回捨てる経験をすることです。効果が大きいのは引っ越しですね。もう捨てるしかないという状況になって、選別をしなければならない体験を強制的にするのでとても有効だと思います。

実はお金持ちと所得が低い方では、家の中にあるものが2～3倍違うというデータがあるそうです。所得が低い人の方がものが多いという結果です。その理由を深掘りしてみると安いからまとめて買ったなどでものが増えていくことや、捨てると困るかもしれないという気持ちから手放せず、ものが増えていくことがほとんど。一方のお金持ちは本当に欲しいものだけを買っています。

もちろん好きなものを買えない場合もあると思います。でも、週に1回は食材1つでも本当に欲しいものを買うようにすると、自分の心が満たされます。ものを大切にするようになるので無駄遣いが減り、本当に必要なものしか買わなくなります。これは予祝にも通じますが、豊かになった状態の自分が買ってるであろうものを1個手に入れる。そうすることで夢が叶った感覚になり、引き寄せ力が高まります。一度、こういった体験をすることによって、現状に対する不安はだんだん和らいでいきます。

環境によって福の神or貧乏神がやってくるかも!?

「福の神はきれいな場所に来て、貧乏神は汚い場所に来る」――これは家の中にも屋外にも当てはまります。散らかっていると貧乏神が来るし、臭いのきついところにはいい福の神は来ないで、貧乏神が寄ってきます。

そして、その人の心の状態や、言葉遣いや、誰と付き合うかという環境によっても、福の神や貧乏神がやってきます。たとえば、愚痴や不平不満を言っていると、福の神は去り、貧乏神に好かれます。すごく愚痴が多い人と常に一緒にいたら、そのうち自分も知らないうちに捉え方がネガティブになって愚痴を言い始めたりして、知らない間に貧乏神に好かれてしまい、守られていない存在になってしまうことがあります。

ですから、人間関係の整理も大事です。愚痴の多い人とは距離を置いた方がいいですね。完全に断つことができなくても、接する時間を短くする。もしくは愚痴が始まったら、席を立つとか、なんとなく話題を変えるとか。そういう感じで聞き流すのもいいと思いますし、できれば付き合いを断つのが一番いい方法です。

愚痴を言うことによって発散されて、もう言わないならいいのですが、毎回愚痴が止まらないのであれば、縁を切るタイミングです。守られている人とは波動や心の状態の差が出てきて、違和感を感じるようになると思います。それはあなたが今いい状態に変わろうとしているからこそ、感じる違和感なのです。大切にしたいですね。

第3章

守ってもらえる環境づくり

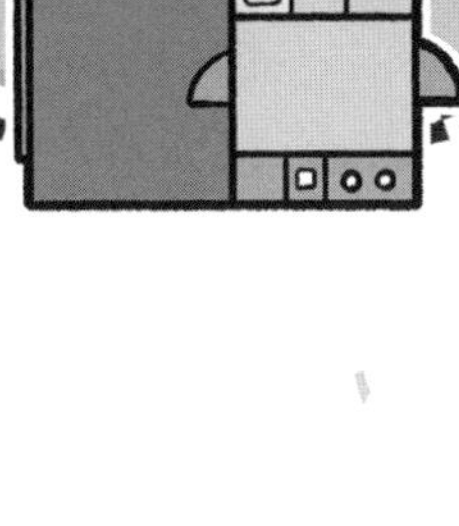

3章-1
おうちでチェック！
〝守られる〟環境の家へ①
〝予祝〟などのマインドセットで気持ちの方は整ってきましたね！
はい！
では次はさらに具体的に
MY HOME!
自宅を「守られる家」に変えて運を呼び込みましょう！
ボンッ
生きていて毎日過ごす環境
やはり「自宅」が占めるウエイトはとても大きいです
おー
でも見てたかみーさん！
私 お家はけっこう気を使っているんですけど！
どうよ！
そうですね！まずはキレイに片付いているのが基本
とてもGOODです！
ただ…

このクローゼットは気になりますね…
ミシミシ
うっっ
ギッ
オォオ…
バキッ
別にここには何も隠してな…
ドドドドドーーーッ
きゃあっ
…隠してないですよォ
単にめちゃくちゃ服が多いだけで…
あーーん…
どっさり
…でもソレがNGですね!
服や布は邪気を吸い集めてしまうんです
ホコリもふえちゃいます
そしてクローゼットは財運の場所ともいわれていますから
¥
そうなの!?
中に余裕があると財運の神様も居心地がいいんです
へえ!
神様がいるんだ!

では 私 たかみーが 実践して オススメする
クローゼット スッキリ法 をお伝え しましょう!
たかみー流 クローゼット スッキリ法!
・3年(もしくは1年)着ていない服は 捨てましょう!
・10着まで、など 持つ服の数を決めて 常に その数をキープ!
・ファストファッションは 劣化も早いので 一シーズン着たら 替えましょう
・痩せたら着る! はNGです!
1年
2年
3年
1
2
3
10
NEW!
ボロ…
1SUMMER…
痩せたら着る!は 山ほどあります…
ヤバ…
憧れの一着! とかなら モチベーションUP に良いですが
流行も変わりますし 溜めこむより 痩せたら買う! の方がオススメ ですよ
ハーイ
そして大事にして ほしいのは 下着…
勝負パンツは オススメです!!
パンツ!!
キャーー!

ヘンな意味ではなく!ここぞ!で履く一枚があるといいですね
私もここぞ!の仕事の日にはいたりしますよ
おー!
下着は肌に直接触れる重要な衣類ですから
たかみーさん選んでください!
どれが運上がります!?
「自分が気に入ったモノ」が一番いいですよ
それ以外は本当に良いですね!
物は基本置かない方が良いですが観葉植物は別で運を上げてくれますよ!
丸い葉っぱのものは特に人間関係に良い気があります
GOOD!
GOOD!
BAD
GOOD!
GOOD!
へー!
カラフルな配色もGOOD!
よかった!
でも金運なら黄色!とかだと思ってた!
いえいえ
一色に片寄らずバランスをとるのがオススメです
それだけにクローゼットが惜しい!
ガンバって!
はーい

4-1へつづく!

守られているおうちで運気アップ

人生の中でも長い時間を過ごす自宅は「守られる人になる」ためにもとても重要な場所です。ぜひ自宅を「守られているおうち」にして、運気アップしたいですよね！　ただし、一口に「家」といってもいろいろなお部屋の種類がありますから、それぞれで気をつけねばならないところが違ってきます。

まずリビングに関しては、家族が共有する場所、他の人と接する場所になるので、基本的に仕事の道具とか、化粧品とか、家族の誰か一人だけが使うものはあまり置かない方がいいですね。その人だけが使うものを持ってきてしまってリビングを私物化してしまうのは、気が乱れる一因になります。私物がまったく何もない状態にまでする必要はないのですが、個人的なものについては置き場を決めるとか、一時的に置いておくぐらいの感じにして、きちんと整理整頓することが大切です。

また、特にリビングは照明の明るさにも気をつけていただくといいですね。照明を明るくすることによって、陽の気が増すからです。もちろん日当たりのいいリビングだったら、日中はカーテンを開けたりして光を取り入れましょう。リビングは家族をはじめ、来客など皆が集まる場所になるので、陽の気が増すと話が弾んだりするようなことにもつながるのでいいですね。逆にちょっと暗い場所には邪気が寄ってきますので、運を落とさないためにも明るくすることを心掛けたいものです。

書斎があったり、自室に本棚を置いたりしている方も多いと思います。本を置いているところは、本が紙類なので邪気が溜まりやすい場所になっています。特に書斎には一度置いたらしばらく読まない、ずっと開くことのない本も出てきやすかったりするので、定期的なメンテナンスは大事だと思います。さすがにお気に入りの本を処分する必要はないですし、絶版だったらそのままとっておいていただいてもいいでしょうし、仕事に使う本もあるでしょう。必ずしも処分する必要はないですが、見直すことは大事かなと思いますね。それに、本が溜まってくると、本から臭いが出たりもします。その対策としてお香を炊いて浄化をするとか、邪気が溜まっているならティンシャなど音の浄化をするといいと思います。

自室で特に注意したいのがクローゼットです。クローゼットのような洋服を入れる場所は、財運の神様がいる場所、財運を貯めるところといわれているので、常に余裕があるといいと思います。逆にパンパンだったり、湿気があったり、カビ臭かったりすると、財運の神様が逃げてしまいます。ですからできるだけものを減らしてスペースを空けておき、こまめに換気をすることが大事です。

今すぐ手放したい運気を下げるもの

家の中に多くあるもので特に邪気を帯びやすいものには、大きく分けて紙類と布類があります。

さきほど本は紙類で邪気を吸うというお話をしましたが、家の中には結構紙でできたものがありますよね。レシートにはじまり、領収書、請求書、契約書、メモや郵便物、紙パッケージ、新聞、チラシ、雑誌、パンフレット、さらに仕事や学校、習い事なんかの本や書類も含めたら本当にたくさんあって、いつの間にかどんどん増えていきます。

僕も紙はすごく邪気を吸うので気をつけていて、たとえば使い終わった紙袋や段ボールなんかはすぐに捨てるようにしています。実は最近自宅の引っ越しをしたのですが、早速段ボールがいっぱい出てきたので、これは家には残したくないと思って、1人で何度も往復してまとめて処分しました。おかげですごくスッキリしましたね。

用が済んだにもかかわらず、比較的とっておきがちなものが紙袋です。これはやはりまた何かの機会に使うかもしれないと思って残しておくのだと思います。全部捨てられないという人は、とっておく枚数を決めるといいかもしれません。3枚なら3枚と決めて、それを超えたものは捨てるというようなルールをつくるのです。そうすると、意外に捨てられる覚悟が決まるものです。枚数を減らしてみると、案外使わないものだな、ということがわかったりもします。

もう一つの邪気を帯びるもの、布類の代表格が洋服ですね。クローゼットのスペースをつくるという目的以外にも、邪気を吸うという意味でも古くなったり着なくなったりした洋服は処分をした方がいいでしょう。僕は洋服こそマイルールをつくるのがいいと思っていて、たとえば3年着ていない服は捨てるとか、1年の春夏秋冬を1周しても使わなかったら処分をするとか、あとは何着以上は持たないと決めて、それを超えないように調整するとか、ですね。もちろん処分の方法は捨てるだけでなく、フリマで売ったり、誰か着てくれる人に譲ったり、寄付をしたり、ということでもいいと思います。ただし「いつかはフリマに出そう」と思ってずっと持ち続けていたら、何も変わりませんので、なるべく早い行動を心掛けてくださいね。

そして、処分するときだけではなく買うときにも注意をしてみるといいと思います。洋服を増やし過ぎないということを意識して、そもそも家に入れる服の数を減らすようにするのです。たとえば似たような服は買わないとか、同じ色の服は買わないとか、セールだからといって飛びつかないとか。そういうことをしていくと、基本的に服がいっぱいにならないのではないかなと思います。

また、ありがちなのが「痩せたら着るからとっておく」という考え方です。ダイエットするためのモチベーションにはなるかもしれませんが、実際に痩せた頃には流行が過ぎていたりするので、案外もう着なかったりしますよね。どうしても思い入れのある服というのであれば別ですが、痩せたときのご自身に似合う服を新しく買うという方が僕はいいんじゃないかなと思います。そもそもあまり着ない洋服というのは邪気を帯びていきます。逆に着倒した洋服とか傷んだ靴もそうですが、こういったものはどんどん捨てた方がいいのです。

それから、中に着るものだからといって古い下着を着続けるのは要注意です。下着も古くなってよれよれだったり、ほつれてきたり、ゴムが緩くなったりしたときには処分を考えましょう。特に下着の場合は直接身につけるものなので、運にダイレクトに影響してきます。人からは見えないものですが、自分にとっては1番接してるところのものなので、服の中でも特に重要視された方がいいと思います。

これは僕の場合ですが、実は僕はスーツを1着も持ってないんですよ。とは言っても、先月も結婚式には参加をしているし、冠婚葬祭には今年も何度か出ているんですが。ただ、そういった必要なときにはレンタルするようにしているんですね。スーツもイタリア製の高級ブランドものでも普通にレンタルできて、しかも安いんです。靴やネクタイまで一式全部含めて、2万5000円くらいで6日間着られるものもありました。もし普通にそのブランドで全部揃えるとなったら余裕で20万円を超えちゃうところです。しかもクリーニングに出す必要もないし、自分のサイズに合ったものを送ってもらえるし、便利だなと思いました。しかも申し込んだら電話がかかってきて、「こちらの方がコーディネートに合うと思います」ってアドバイスされたぐらいで、それは僕にはすごくありがたかったですね。

もちろんスーツだけではなく、洋服全般レンタルはできますし、最近ではバッグとか観葉植物のレンタルなんていうのも人気になっているそうです。こんなサービスを利用するのも風の時代らしい感じがしますよね。

3章ー2
〝おうちでチェック！
守られる環境の家へ〟②
よし!!
起業を決めて
資金もないし
まずはこの家を
〝わが社〟に改造だ！
おー
D.I.Y!!
どうです
たかみー
さん!!
見てー!!
リビングで
仕事もしちゃう
から少し暗め
にして
集中力UP
色はオール黄色!!
金運UPカラー
ですよ！
金運
こっちは
仕事部屋
資料や書類は
とりあえず
ここ！
ごちゃあ…
みかん
まあここは
あとで片づけ
るから!!
そして一番
見てほしいの
はここ!!
オオオオオオ
商談相手や
お客さん、
運気まで迎える
大事な場所…

玄関!!
金運
開運
Welcome!
守護
金運
御守
ワッ
バラに開運グッズにと
特盛りゴージャスにしてみたぜ!!
どうっすかコレもう守りも運もバク盛りっしょ!!
カンペキな我が家&我が社!!
えーと… そうですね
どこから直しましょうか…
スン…
直す前提!?
まず リビング!!
リビングは人が集まる場所ですので仕事やプライベートな物は基本置きっ放しにしない方がいいです
ガン
うっ
また色も確かに運気に関係しますが
特定の色に片寄りすぎずバランスをとった方が部屋の気も整います
ガガン
ううっ
そして

暗いリビングはNGです！
シャッ
ちゃんと光と風…陽の気を通しましょうね！
まぶしっ
ピカアァァァ
次はお仕事部屋
ごちゃ…
整理するのは基本として
うっ
本や書類は片づけたり処分しましょう
本はなかなか捨てづらいですが本当に必要かは都度見直すのがオススメです
Book
紙も邪気を吸いやすいのでお香を焚くのもGOOD！
そして一番問題の玄関ですが
一番問題
植物はいいって言ってましたよね!?バラ!!
開運グッズだってこれだけありゃあどれか一つは効くんじゃないかと
めっちゃ集めたんですよ
とは言え…

やりすぎ
なんですってば！
金運
開運グッズはいいですが厳選して下さい！
多すぎてホコリがたまると運気も下がりますし
あまり多いとお客さんが引いちゃいますよ
ガツガツ開運…!!
また植物は良くても
〝玄関にバラ〟はオススメできませんね
個人的にはサボテンもNGです
玄関から入ってくる良い気をバラのトゲが刺してしまうんです
うう…オレダメすぎじゃないっすか…
リビング
仕事部屋
玄関
だっ大丈夫ですよちょーーっとやりすぎただけで!!
ヤル気はGOODです
うう…
やさしい
そう…このティーカップ

お客さんをおもてなしするためのものでしょう?
ええ…せっかくなんで奮発したんです
すごく良いです!
ピカ
ピカ
えっマジすか!!
陶器は土でできていて土の気は五行で〝金〟につながります
五行
木
火
土
金
水
良い食器を大切に使うのは運気が上がりますし
人のため…おもてなしに使うのはとても良いことです!
たかみーさん…!
リビングもほかの場所もこうやって
おお…!
独りよがりにならずまわりのためを考えると〝守られる家〟になっていきますよ
なるほど…!
…やっぱり俺は自己中をどうにかしきゃって事ですネ!!
自分で気付いたのはGOOD!
自己中
それって…
4-2へつづく!

観葉植物の使い方

観葉植物というのは、運をさらに良くするものです。特に、葉が丸い植物は、丸いことが円満につながって人間関係運にいいといわれますし、また金運は丸いものに宿るともいわれてるので、基本的に、丸い葉っぱの植物を取り入れるのがお勧めです。このほかにも、尖った葉っぱは邪気払いをしてくれたり、上に伸びるものは成長運や、出世運に関わっていくといわれていますから、今の自分に合ったものを選んでみてください。

ただ、個人的には、サボテンはあまりお勧めしていません。その理由としては、サボテンのトゲがいい気を刺して、失くしてしまうからです。ですから、サボテンは家の中には置かない方がいいんですね。同様に切り花のバラを玄関に置くのも良くないですね。ただ、玄関以外、それこそリビングなんかに飾るのはいいと思います。やはりきれいですし、癒されますよね。

観葉植物をどこに置くか、場所別に考えていただくのもいいと思います。玄関に置くのは僕も推奨していますが、それ以外にもリビングには家族の運気を上げるものを置くとか、トイレは邪気が溜まる場所なので、邪気を祓うタイプの植物を置くといいですね。

開運グッズの置き方

龍やパワーストーンなどの縁起物は、玄関にはあまり置きすぎない方がいいですね。なぜならここにホコリが溜まってしまうと邪気になり、逆に悪い気が外から寄ってきてしまうからです。ですから玄関の縁起物に関しては、厳選された数点を置くのがいいと思います。

「漏財宅」（ろうざいたく）といって、玄関の向かいに窓がある間取りの家は財が流れていくといわれていますが、もしこれが気になるなら窓と玄関の間を遮るような感じにのれんかパーティション、観葉植物を置くのもいいですね。

いずれにせよ玄関にあまりにもいっぱい縁起物を置きすぎると、ちょっと怪しい人みたいに思われるかもしれませんから、来た人がびっくりしない程度にするのがいいですね（笑）。

3章-3
おうちでチェック！
〝守られる〟環境の家へ③
前回自分の好きなものを思い出し
健康も自信もなくしていた汚部屋から
ついに引越しを決意した健田さん！
新居!!
たかみーさん！見て下さい捨て活して引越しして
ついに…
私の夢のいちご部屋！
完成しました！
ワア…！
ボン
どうですかたかみーさん!!
うーんこれは…

究極の選択ですね…！
オオォオ…
えぇっ
どういうことですか!?
ぐちゃ…
いちごだらけ！
まずあの汚部屋からの引越しはとても良いですね
でも一つの物に片寄りすぎているのはあまり良くなくて…
とは言え!!
本人が満たされて幸せなら
うーん
モチベーションやメンタルの面ですごくいいんですよ…!!
現にすごくイキイキしてらっしゃる…！
確かに気持ちも体調も前よりずっと良いです！
ピカピカ
Before
守られるにはネガティブにならない陽のマインドが大切！
だからあなたの家はこれで良いと思います
ありがとうたかみーさん！

ステキな部屋で満足して自分に自信を持ててきたら
パーソナルスペースで
たのしむ！
リビングや家族との共有部分ではなく寝室や自分の部屋だけデコるのがオススメですよ！
はいっ！
それと…
…
あとはきちんと風呂・トイレ・キッチンなどもお掃除して下さいね…！
ごちゃ…
ハッ
すみません
いちご部屋づくりに夢中で…！
汚部屋時代のクセが!!
お風呂やトイレなど水回りのジメジメはNGです
健康運にNG！
単純にカビなどで健康を害してしまいますし
金運に直結している場所なのでなるべくキレイに保っておきたいですね！
金運
¥

キッチンも火の神 水の神などが集まる場所なんですが
水
火
その性質上 火の気 水の気 金の気など 気が乱れやすい 場所でもあるんです
土
金
水
火
なるべくキレイに保っておくのが
〝守られる〟ポイントですよ
ううん…でも やっぱり好きじゃないものはすぐ放り出しちゃうのよね…
そうやって前の部屋は汚部屋に…
面倒臭さでまた老けてますよ!
それなら…
祝運シールで守られつつリマインド!
目に入ったらちょっとでも片づけてみる! なんてのはどうです?
祝運
じゃんっ!!
そんな使い方も!!
…シールもいちごでデコっていいかしら?
それであなたの気持ちがアガるのなら!

4-3へつづく!

たかみー流プチ風水で金運アップ

トイレやお風呂といった水回りは金運に直結する場所です。特にトイレに関しては、金運に加えて健康運も入ってきます。トイレの神様というくらいで、一説だと弁財天様がいるといわれてますが、やはり常に清潔に使うことを心掛けたいものです。トイレは邪気を落とす場所であって、下に陰の気が溜まりやすくなっています。ですから、掃除などで邪気をこまめに取り除くことが大切です。トイレ専用のスリッパも使った方がいいです。また、トイレを開けっぱなしにしておくと邪気がほかの部屋に行ってしまったりするので、きちんとドアを閉めておき、邪気をほかの部屋に持ち込まないようにするといったケアが大事だと思います。

お風呂も結構カビが生えるところなので特に換気には気をつけましょう。お風呂に限らず家の中が湿気でジメッとしてるというのは全体的に良くないです。また、一人暮らしの人などはトイレとお風呂が一緒になったユニットバスという場合もあるでしょう。もちろんどちらもきれいにするのは大切になりますが、こういったちょっと区別がつかない間取りの場合には、花や観葉植物を置くと気が良くなります。仕切ることができない間取りの場合は、そういった置物でカバーするといいですね。

そしてもう一つ、守られるための大切なポイントが、すべての気の入り口である玄関です。基本的には余計なものは置かず、すぐに履かない靴などは出しっぱなしにしないで靴箱にしまいましょう。

玄関に鏡を置く方もいると思うのですが、鏡は玄関の真正面には置かないようにしましょう。真正面に置いてしまうと、せっかく入った運気が跳ね返って戻ってしまうといわれていますので、この位置は避けてください。玄関の左右どちらか一方に置くのはいいのですが、両方に置いてしまうといわゆる合わせ鏡のようになって運が行ったり来たりしてしまうので、これもお勧めできません。外から見て玄関の左側に鏡を置くと金運や財運が、右側に置くと仕事運や出世運がアップするといわれています。鏡は玄関の左右どちらか一方を選んで置いていただくことで、運気アップにつながるアイテムです。

意外な盲点！ 気をつけたいのはこんなところ

キッチンはほかの水回りとは違って、火を使ったりもするためいろいろな気があって、気が乱れやすい場所になります。キッチンは神様の多い場所で、特にお金に関する神様も多いといわれているので、喧嘩をしないように気をつけたいところです。油がはねないようにキッチンマットを敷いておくとか、料理をするときには常に換気扇を付けるようにするといったケアをしていくのが大事です。

キッチンでは冷蔵庫の上に電子レンジを置いている家もあると思うのですが、この二つは気がそれぞれちがい、合わないといわれてるので、基本は分けて置いた方がいいと思います。気の話をするなら、冷蔵庫は水で、電子レンジは火になるので、水と火は相反する気になりケンカをして禍を起こす元凶となります。どうしても置く場所がない場合は冷蔵庫の上に板などを置いて木の気を間に挟むと緩和されます。

そして、これはどの部屋でも全般的にいえることですが、たとえば黄色は金運アップの色といわれています。だからといって黄色が多すぎる家はパワーが強すぎるというか、家のバランスを崩してしまいます。僕自身も全体の色の兼ね合いというのはとても気にしています。住み心地の悪い家になってもいけませんし、運気を上げたい色に偏りすぎないことは大事かなと思いますね。

また「自分の部屋には推しのグッズやキャラクターをたくさん飾りたいの！」と、おっしゃる方もいらっしゃることでしょう。僕は個人的にはリビング以外であればそれもアリだと思っています。なぜなら、大好きな推しに囲まれたお部屋なら、その方がハッピーな気持ちで過ごせるからです。こういったマインドは守られるためにもとても重要です。ただし、運気という面で見るなら、あまりにもグッズが多いと掃除もしづらかったりしますし、人形などは布でできていると邪気も溜まりやすいというような面もあります。ですので、ここは運気を取るのか、自分の好きなものに囲まれて過ごすことを選ぶのか。

よく考えてご自身で決めていただければと思いますが、僕にはちょっとこれは究極の二択という感じがします（笑）。もし、自分の好きなものの方を取ったなら、ほかの部屋やほかのアクションでは運気を取って、心が満たされるところと運気を上げるところのバランスをとるといいですよ。

第4章

守られて寝てリセット

4章-1
寝るだけで守られる!! 法則①
―ナイトルーティン編―

クローゼットなんとか片づけましたよ!

ガンバった!!

お疲れさまでした! それでは――…

いよいよ次が…もっとも大切な〝お守りの法則〟です!

オォオォオ
もっとも大切な…!?

ここまで気持ちや自分の意識を変えたり部屋のことを教わったり…いよいよ難しい法則の話になるのかな…!!

ゴクリ…

もっとも大切な法則 それは…

寝ること!!
それだけです!!
スヤァ…
ほら来た難し…
ってええ!?
寝るだけ!?
って言いました!?
めちゃくちゃカンタンじゃないですか!!
そう!
でもこれが大切なんです!
この〝お守りの法則〟の要といってもいいほどに…
一日の中で毎日6~8時間も使うこの「睡眠」が守られるためにはとても重要ですよ!
0
眠
6
12
起
18
夜ふかししがちです…
ぜひ皆さんにもしっかり寝ていただきたいですね

寝る前や寝起きの直後などは意識がウトウトとしていますよね
ウト…
ウト…
実はこれは潜在意識の扉が開いているとても良い状態なんです
昼間起きている間には開きにくい意識の扉の奥に
ガシャン！
意識の奥
コトバ
シャッター
考え
意識の奥
コトバ
考え
スッ…
このときならばスッと入っていける…
お祈りや瞑想をしているのに近い状態に自然となっているんですよ
へー!!
ただ寝る前後っていうタイミングだけで!
そう!
だからこの毎日寝る前に訪れているチャンスを活かさない手はありません!
準備OK!

私がオススメするのはこの寝る前のタイミングでの瞑想やアファメーションまたはナイトクエスチョンなど自分のルーティンをつくって毎晩行うことですね
自分がハマって続けられるものやりやすいものが一番良いですよ
私は〝ナイトクエスチョン〟で一日を振り返り自分に問いかけ承認するようにしています
ど
どうやるんですか!?
お伝えしましょう!!
大公開 これがたかみーの
Q1. 私の人生で今幸せなのは何?
Q2. 私の人生で今エキサイティングなのは何?
Q3. 今 自分で誇りに思うことは?
Q4. 今 何に感謝している?
Q5. 今 何を楽しんでいる?
Q6. 今 一番大切にしていることは?
Q7. 私が愛している人は誰?
Q8. 私を愛してくれている人は誰?
ナイトクエスチョン だ!!
これが私のナイトクエスチョンです!

私は毎晩寝る前に森林の環境音を流し
ザワ
ザワ
サァ…
海の底へ沈んでいくイメージをしながらこの問いかけを行っています
その日の振り返りといってもダメ出しはNGですよ！
あくまで承認、自分を褒めてあげるのが大切です
はい！
でも瞑想って座禅とかするのかと…
ウトウトした状態が良いのでゆったりと横になるので大丈夫ですよ
そのまま寝てしまってもOKです
・・・
マジでたかみーさんの教えって楽だし優しい
ほんとにいいの…
よし…私もやってみよ…やって…
……
ウト
ウト…
ZZZZZ…
おやすみなさい…
ぐっすり気持ち良く寝られるのはそれだけでとても良いこと！
良く寝て良く守られて下さいね！

5-1へつづく！

守ってもらえる環境をつくれば寝るだけでリセット

睡眠は心身を休養させ、疲労を回復させるためにも重要なものですが、運気にとっても大切な役割を果たしています。実は運気というのは寝ている間にリセットされています。そして、人は寝ている間にいい気を吸収しています。スピリチュアル的には寝ている間に神様と交信するといわれたりもするので、夜の時間と睡眠というのは守られるためにもとても大事なんですね。

寝るだけで守ってもらえるなんて、そんなに簡単なことはないですよね！　ただし、もちろんいくつかの注意点はあります。そのための環境づくりとして、まずは寝室を清潔にしましょう。当たり前のことのようですが、やはりそれが基本中の基本です。寝ている間というのは、6時間とか8時間とか、とても長い時間ずっと同じ場所にいることになるので、ここに邪気があると、邪気の中に何時間も居続けるということになってしまいます。ホコリ＝邪気だと考えていただければいいのですが、ホコリのあるような部屋にいるのは運気だけではなく、健康にももちろん良くありませんから、やはりきれいな部屋で寝るということが大切なんですね。まずはいい睡眠をとれるように寝室の環境を整えて、ここから「寝るだけで守られる人」になっていきましょう。

寝る前のルーティンをつくろう

ベッドに入ってから寝る前というのは、皆さん何をしていますか？ 最近では寝る前にスマホを見る方も結構いるようですね。ただ、睡眠の質を考えたら最低でも寝る1時間ぐらい前からはスマホはやめた方がいいと思います。スマホやタブレット、パソコンなどからはブルーライトという光が出ていて、これが脳を覚醒させ目が冴えてしまいます。自律神経も乱れて、結果として全然寝られなかったり、睡眠が浅かったりすることがあります。ですから、スマホやタブレット、パソコンなどのブルーライトが出るものはお風呂に入るタイミングでもう止めておくといった自分なりのルールを設けてもいいのではないでしょうか。

これとは逆に、寝る前にやるといいこともあります。僕が寝る前に実際にやっていることで皆さんにもお勧めしたいのが、瞑想やアファメーションなどで寝る前のルーティン、簡単な日課というか、ちょっとした儀式のようなものをつくるということです。

まず、瞑想は心がクリアになっていい状態になれるので、とてもお勧めです。もしかしたら瞑想というと座禅のように足を組んで座ってしなくてはいけないもの、と思っている方もいるかもしれませんが、そんなことはありません。椅子に座ってするのでもいいですし、布団の中で寝る前にするのでも構いません。瞑想してからそのまま寝られるというのはすごく気持ちがよくなって、質のいい睡眠にもつながるのでとてもいいと思います。

そしてアファメーションとは何かというと、なりたい自分や理想の未来をポジティブな言葉で宣言することです。たとえば「私は仕事で大成功し、豊かな生活を送っています」とか「私は大好きな○○さんに愛されて、とても幸せです」とか。金運を上げたい人なら「私はお金が大好きです。私はお金に愛されています」といったような言葉になるかもしれません。実はアファメーションにはきちんとした手順もあって、僕も講座や朝活のときにそれらをお教えしたりしています。ただ、アファメーションとして発する言葉はやはり自分が一番ハマるものがいいので、その人オリジナルのものを独自の言葉でつくっていただいても、まったく問題ありません。アファメーションは潜在意識にインストールするために言葉にして発するもので、寝る前の儀式というか、夜のお祈りに近いものがあるかもしれませんね。これも寝る前に行って、そのまま寝てしまっても大丈夫です。

ところで、なぜアファメーションなどを寝る前に行うといいのかといえば、眠くなってきて少しウトウトした状態は潜在意識の扉が開いていて、そのときに言った言葉なんかがすっと中に入りやすいといわれているからです。日中の起きていて覚醒しているときというのは、顕在意識も覚醒していて潜在意識の扉が閉まっている状態です。それが開くのが、寝る前の眠気を感じている状態のときと、朝起きたばかりでまだ完全に目が覚めきっていないときになります。ですから、この二つの時間は守られるためのチャンスタイムなんですね。ここを逃す手はないですよ！

僕自身が今やっていることをご紹介すると、呼吸を意識しながら、呼吸の音をずっと聴いています。そして、目を閉じて海に入っていく。だんだんと深く海の底に入っていくようなイメージをします。

このときに併せて行っているのが「ナイトクエスチョン」です。自分に対して前向きになる質問を投げかけて、それに答えることで自分にとって大事なことを明確にしていくと同時に、自分自身を承認して心を満たしていく、という感じのものです。具体的には「最近何に感謝しましたか」とか、「どんなことに対して喜びがありましたか」とか、そういうことを質問しています。感謝を感じてはいても、意外と思い出せないこともあるので、それらを振り返っていくというような意味もあります。このナイトクエスチョンもその人のオリジナルの質問をつくっていただくのでいいと思います。いずれにせよ、ここではダメ出しをするのではなく、1日1回は自分を褒めることが大切なので、それを前提に質問を考えてみましょう。

お気に入りの寝具にこだわる

守られる睡眠をとろうと思ったら、こだわりたいのが寝具やパジャマです。やはりこれらは五感で直接感じるものなので、心地いい、質のいいものにすることをお勧めします。僕自身もここにはちょっとお金もかけてこだわっている部分です。寝ている間に使う寝具やパジャマに気をつけることで、寝室をいい気がめぐる部屋にすることができるんです。

もし寝具やパジャマがちょっと苦手な素材とか、なんか嫌だなと思うような質感だといい気持ちはしないので、使うたびに気分が下がってしまいます。寝る前の状態を整えることはとても大切で、そのキーポイントとなるものが寝具、パジャマです。

基本的に、こういった小さなストレスだとか、ささいな嫌なことであっても、毎晩毎晩積み重なっていくことで、それがやがて大きく運気を下げる原因になることもあります。ですから寝具やパジャマは自然素材にこだわるとか、肌触りが好きなものを選ぶとか、自分に合ったものを選ぶようにしましょう。

そして、パジャマは洗っていないとそこに邪気が溜まり、7時間、8時間と寝ている間にパジャマからの邪気を吸収してしまいます。これでは寝るたびに運を下げ続けてしまうので、パジャマはきちんと洗って常に清潔を心掛けましょう。

寝具も同様に枕カバーやシーツ、タオルケットなど洗えるものはもちろんこまめに洗い、布団類もお天気がいい日には外に干しましょう。お日様に当てると邪気が払われるので、定期的に日光に当てて干すのがいいですね。

さすがに毎日外に着ていった洋服のままで寝ている方はいらっしゃらないと思いますが、あまりにも疲れていたり、酔っぱらっていたりして着替えないまま寝てしまった経験をお持ちの方はいるかもしれませんね。もしパジャマを着ないで外で着ていた服のままベッドに入ってしまうと、外からついてきた邪気をまるごと布団につけているような状態になりますから、これは避けたいものですよね。

また家にいるときは、ずっとパジャマのまま過ごしているような方もいるようですが、出かけない場合でも起きたらまず服に着替えましょう。起きているときに着ている服は生活の中で邪気を帯びているので、それを持ち込まないようにパジャマに着替えることが必要なのです。そして寝るとき専用の服であるパジャマに着替えることで「今から寝る」という気持ちの切り替えもでき、その上で睡眠に入れると、より守られやすくなります。おそらくひとつお気に入りのパジャマを持つと、気分よく寝られると思いますよ。

枕カバーも運気的にいうと、いくつか望ましい色もあったりしますが、基本的にはシックなもの、ベーシックなものを選べばいいかなと思います。枕カバー以上にこだわりたいのが枕です。僕は枕にはすごく気を配っていて、枕の形などにもかなりこだわっていますね。寝ているときに快適で気持ちがいい、人間が一番いい状態の向きというのがあるらしいので、それに合わせて首や頭の置く場所がちゃんと自分にフィットしているかどうかなどを基準に選んでいきます。人によって枕も好みがあると思いますが、フィットしているもの、心地よさを感じるものを選ぶといいのではないでしょうか。

枕をネット通販で買う人もいらっしゃいますが、そうなると実際に試せないことがほとんどではないでしょうか。確かにネットで買うのは手軽だし、値段も安いかもしれませんが、それでなんとなくフィットしない枕を使い続けているのであれば、ちょっと考えた方がいいかもしれません。最近はオーダーメイドで枕をつくってくれる寝具メーカーもあるようですし、そこまでしなくても店にいくと計測をしてくれて自分に合った高さや固さの枕を選んでくれるようなサービスもあります。

もちろん寝ている間に心身も運気もリセットされるというところもありますが、やはり不快な気持ちを持ったまま寝てしまうと、ストレスも溜まってしまうし、それが積み重なると睡眠の質も落ちます。毎日「ちょっと寝心地が悪いな」と思っていることで、ネガティブな状態に癖がついてしまいます。そうすると邪気を生み出してしまい、その邪気が不運を引き寄せる原因になり、寝ている間に邪気を吸って不運体質をつくる原因にもなります。また、潜在意識の扉が開いているところにネガティブな気持ちが入っていきますので、波動の低いネガティブ思考が癖づいてしまい、現実面でもネガティブなことばかり起こるようになります。

ですから、やはりいい気持ちで寝る、きちんとリセットできる環境をつくるというのはとても大事なんですね。

4章-2
寝るだけで守られる!! 法則②
―外泊編―
フー…
今日も事業の相談に
手続きの書類と…
起業を目指し手続きに相談にと各地を回りはじめた起山業
ガチャ
は~疲れた今夜はここで一泊だ!
安いビジネスホテルだけど悪くはないな!
ひっく
テレビ
BEER
さー晩酌もしたし!
面倒くさいからもうこのまんまでいいか!
おやすみーーッ!!
バタン
ぐおーっ
がーっ
ちょっと待ってくださーーい!!!
ボボンッ

寝るだけで守られる！ってたかみーさんが教えてくれたでしょう
だから寝ようと…
とはいえ寝るのが雑すぎます
さすがに!!
なんですか
外泊先のホテルでできることもやると運気がUPすることもいろいろありますから！
やってみてくださいね！
まず寝る前にシャワーは浴びましょう！
えーオレは朝シャワー派なのに～
シャワー…
朝浴びることも良いことですが一日活動してついた汚れや邪気を落とす意味でも夜のシャワーは良いですよ！
浴びた後は30分くらいで程よく体温が下がり睡眠の質も上がりますよ
ホカホカ…
確かにキモチはいいわな…
次は大きめのバスタオルなどで…
バサッ
え
オレ頭はちゃんと拭きましたよ

いえ!これは
テレビや鏡に
かぶせるんです
自分の寝姿が
映らないように
バサッ!
頭じゃ
なかった
へぇ!
そして梁の下で
寝ないこと
仕方のない時は
頭の位置を
変えたりしてみて
下さい
棚や机の角も
ベッドに向いていたら
隠した方がいいですね
いずれも
悪い気や
感覚から
自分を〝守る〟
ための方法です
角
鏡
尖り
ホテルなどは
自宅と違うことも
多いですが
環境を整えれば
ちゃんと
〝守られ〟ますよ!
おぉ…
あとスマホは
ベッドから離して
寝るといいですね
ス…
預かりましょう
えっ
でも俺
アラームでスマホ
使うんですけど

寝起き悪いし
マジで困りますよ
手元にないと
不安!!
電磁波も
遠ざけられるし
寝る前のスマホ
いじりの防止にも
なるんですけどね…
今回はわたしも
サポートしますし!
やってみましょう!
えー〜…
大丈夫
かな…
オヤスミ
ナサーイ…
…ピピピピ
朝
!!
ピピピーッ
ピピピピピピ
スマホ
スマホ
…
スマホ
遠《とお》ッ!!
ピピピピ
ピ…
バシィ
オハヨウ
ゴザイマス…
ヨロ
ヨロ
た…、確かに
遠いとちゃんと
目が覚める
かもッスね…
そう!スッキリ
目覚めるのも
良い睡眠には
大事ですよ!

5-2へつづく!

夜のお風呂で一日の邪気を落とす

さきほど外で着ていた服は邪気を帯びているというお話をしましたが、それと同じで身体も一日の汚れを落としてから寝室に行くようにした方がいいですね。できれば寝る30分くらい前に入浴して身体を温めると、そこから徐々に体温が下がって、ちょうどいいタイミングで眠くなります。そこできちんと寝ていただくと、結果的に睡眠の質が上がります。

お風呂やシャワーは朝派、という方も、そのような理由からぜひ夜はお風呂に入っていただくことをお勧めします。もちろん、夜も朝も入っていただくのはもっといいです。そうすることで寝ている間にかいた汗も流せますからね。実は僕も夜は入浴、朝はシャワーを浴びるようにしています。

寝てはいけない場所とは

昔から北枕はよくないといわれていましたが、意外にそんなことはありません。どこで寝るかについては、北枕よりももっと気にするべきことがいくつかあります。そのひとつがトイレの方向に頭を向けて寝ないということです。トイレは邪気を落とす場所になるので、基本的にはそちら側を向いて寝ないようにします。

このほかには、天井に梁があって凸凹になっているところでは寝ないこと。これは、梁の角から殺気が出ていて、その殺気を受ける事で健康を害したり、心の状態が乱れてしまうからです。どうしても無理であれば頭だけでも梁の下を避けて寝ましょう。また、棚の角や家電の角が自分の方に向かないようにします。ちょっと角度を変えて配置するとか、ダメなら布をかけるのでもいいですね。そして、テレビやスマホのように電磁波の出るものを近くに置かないこと。これは健康面からも気をつけたいところですね。さらにワンルームの場合、寝室と仕事場とかが近くて区切りがついてないことがありますが、これは仕切りを置くなどして、きちんと寝室のスペースをつくることが大切です。

また、これは寝る場所ではありませんが、特にお子さまや若い女性にはぬいぐるみに囲まれて寝たいという方がいますよね。厳密にいうとぬいぐるみは置かない方がいいです。というのは、まずぬいぐるみ自体が布になるので、邪気を吸いやすいということ。ホコリも溜まりがちですよね。そして、寝ている間に気を吸い取られてしまうという点もあるからです。どうしてもお気に入りを置きたいのなら、定期的に洗ったり、日光に当てて邪気を落とすというようなケアをしていただくといいかなと思います。

自分の寝姿が映るものを避ける

テレビやスマホは電磁波を出すという以外にも、もう一つ気をつけたい点があります。それはテレビの画面が自分の寝姿を反射してしまうことです。このほかに鏡もそうですが、寝姿を映すものは引き込まれてしまうというところがあるので、自宅であれば寝姿が映ってしまう位置には置かないようにしましょう。ホテルなどに宿泊する際、どうしても映ってしまうような位置にテレビや鏡があるときは、タオルをかけたりして対応するようにしましょう。

たかみーが必ずホテルでやっていること

僕は出張が多いので、ホテルに泊まることも頻繁にあります。もちろんその際にもさっと「守られる部屋」になるようにしてから、寝るようにしています。

これは自宅でも同じですが、まずすべてのライトを消して真っ暗にして寝ています。明るいと睡眠の質がちょっと落ちてしまうというデータもあるらしいので、僕は完全な暗闇の中で寝ています。

ホテルの場合はベッドからテレビが見える位置にあることがほとんどなので、その場合はタオルをかけます。鏡がベッドに向いている場合もタオルかなにかでカバーをします。あとはベッドの近くにパソコンを置いたり、スマホを充電したりしないようにすること。夜はスマホを機内モードにしています。スマホが近くにあるとどうしても手にとってしまいがちなので、あえて遠くに置いていますね。

横になってから瞑想したり、アファメーションをしたりというルーティンは、どこに行っても変わらず、いつも通りに行っています。僕は寝るときには必ず真上を向いて、呼吸をしながら、さきほどお話しした海の底に入っていくようなイメージをしながら寝ています。そうすると、自然とすぐ寝られます。よく枕が変わると寝られないとか、年々眠れなくなるというような声も聞きますが、僕の場合は無縁です。やはり寝る前のルーティンを決めていることが、いい睡眠をとれることにつながっているのだなと思いますね。

4章ー3
寝るだけで守られる!! 法則③
ーモーニングルーティン編ー
ZZZZ…
たかみーさんの教えを聞いて私もとてもよく寝るようになりました
健田さんもすごく変わりましたね!!
はい！調子もすごく良いです
パァア…
寝るのは基本的な健康にも大切ですから
ええ…引越す前は通勤時間も長くて寝られてなかったので…
まずはよく寝て心身を整える！そうすればメンタルも健康も安定しますし
ボンッ
ハツラツとした姿はまわりを引き寄せ〝守り〟になっていきますよ！
本当にそうですね…！

特に22時～2時に睡眠をとれるとGOODです！
金運
ゴールデンタイム！
夜は金運のゴールデンタイムですから!!
ゴールデン!!
寝てるだけで儲かります!?
すぐにとはわかりませんがそうなるかも！
お子さんの成長にも良いこの時間帯に寝るのは
大人の身体にもとても良いんですよ
2時
22時
お肌のゴールデンタイムともいわれたりしますしね
でも夜勤がある日とかは難しいわよね…
けっこう早いわ…
難しいときは気にしすぎないで！
遮光カーテンなどで暗くしてまとめて寝られれば大丈夫です
zzz
あとは起きてからの朝
モーニングルーティンですね！

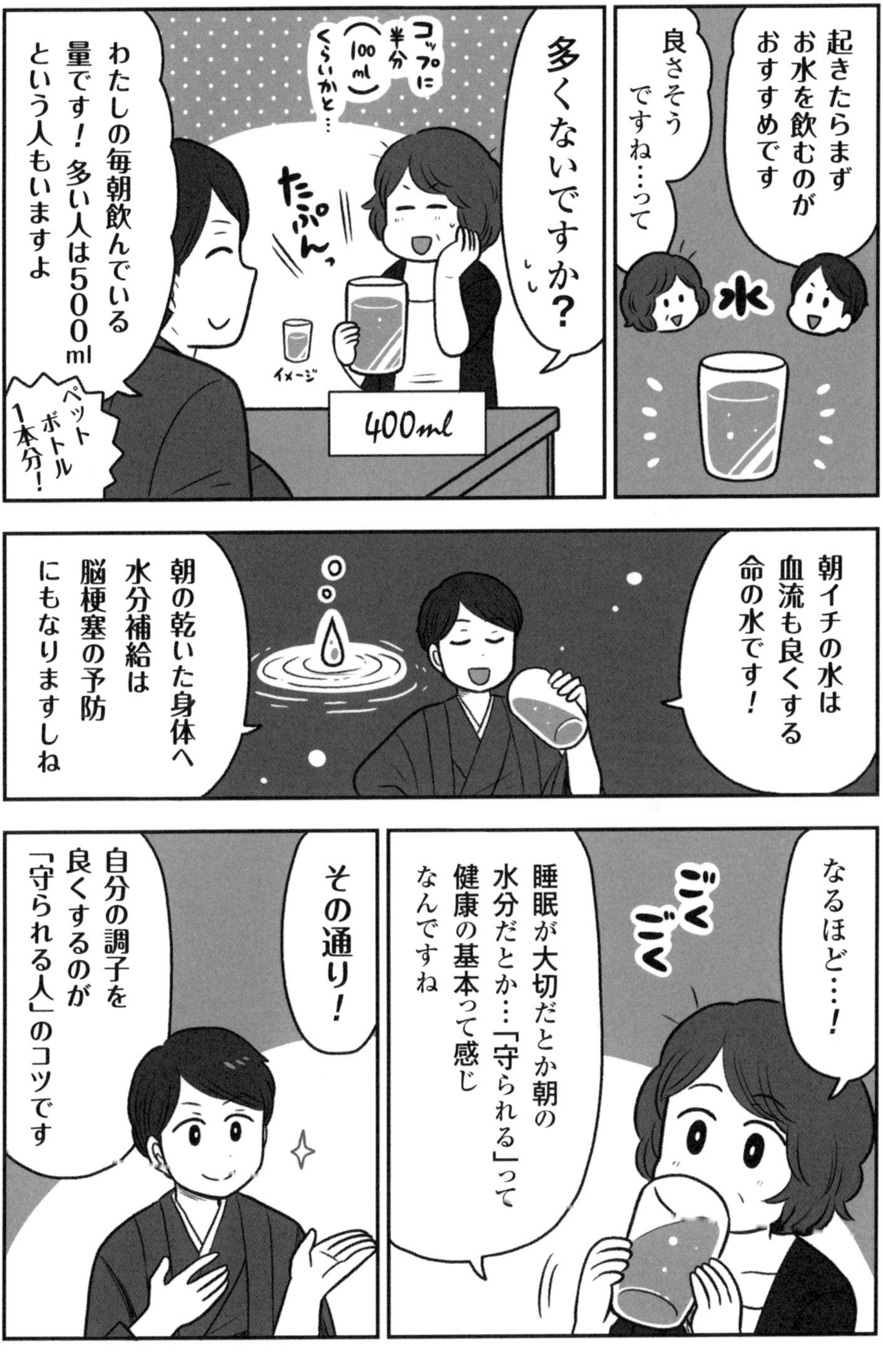
起きたらまず
お水を飲むのが
おすすめです
良さそう
ですね…って
水
多くないですか？
コップに半分（100ml）くらいかと…
たぷんっ
イメージ
400ml
わたしの毎朝飲んでいる
量です！ 多い人は500ml
という人もいますよ
ペットボトル1本分！
朝イチの水は
血流も良くする
命の水です！
朝の乾いた身体へ
水分補給は
脳梗塞の予防
にもなりますしね
なるほど…！
ごくごく
睡眠が大切だとか朝の
水分だとか…「守られる」って
健康の基本って感じ
なんですね
その通り！
自分の調子を
良くするのが
「守られる人」のコツです

調子が良いほど
自分にもまわりにも
目を向けられ
縁にも守りにも
つなげて
いけますから
不健康だと
そんな余裕も
ない…
運
お水の次は
窓を開けて
家に、空に
ガラッ
そして神棚の神様に
朝の挨拶を
神様
すべてに
生かされて
いると
感謝の気持ちも
生まれますよ
オハヨウ
ゴザイマス!
そして「ナイトクエスチョン」と
対になる
「モーニングクエスチョン」
もオススメです
ナイトクエスチョンでは
その日のことを振り返りましたが
・今日は
何をする?
・どこへ
行く?
モーニングクエスチョンは
今日一日何をするか
自分との確認作業です

今日は会社に行って○○さんに昨日のお礼！仕事をしてお昼は気になっていたお店の…
…うん一日のやることがハッキリする気がします！
うんうん
それじゃあいってきます！
私も戻ります
ボンッ
さてあとは
部屋の浄化もしておきましょうかね
ティンシャやクリスタルチューナーの音そしてお香などの香りでの浄化もオススメですよ
本人がいる時が一番ですが
チーン
皆さんも素敵な寝て守られる生活を！
チーン
忘れ物…ってあらステキな音！
あ、清めておきました！

5-3へつづく！

金運のゴールデンタイムとは

良い睡眠をとってぐっすり眠ってリセットすることは心身の健康のためにもなり、金運アップにもつながっていきます。アスリートの多くは身体のリカバリーのために睡眠をとても大切にしています。メジャーリーガーの大谷翔平選手はよく眠ることで有名ですが、枕などにもこだわり、1日12時間近く寝ることもあるそうです。きっと彼らはよく寝ることも仕事のうちだと考えているのでしょうね。

しかし、寝ることが大事だとわかっていても、忙しく働くビジネスマンにとってはなかなか満足な睡眠時間を確保することさえ難しいようです。眠りの浅い長時間睡眠よりは質のいい睡眠を6時間程度とる方が健康にいいというデータもあるそうですので、忙しい方こそ睡眠をおざなりにせず、しっかり寝ることを考えていきましょう。

一般的には睡眠のゴールデンタイムは22時から深夜2時で、この時間に寝ていることが心身にいいといわれています。この時間はもっとも成長ホルモンが分泌する時間で、子どもにとってはもちろん、大人の身体にもいい影響をもたらすといわれています。僕自身もなるべくこの時間に寝るようにしていますが、よく眠れて体調がいいだけでなく、頭も冴えますし、結果として仕事も捗るなどいろいろいい効果がでています。大人にとっては少し早いと感じられる時間かもしれませんが、特に睡眠が浅いと感じている人などは可能であればぜひトライしてほしいと思います。早寝早起きになると体内時計も整いますし、成長ホルモンの影響で新陳代謝が良くなって美肌になるとか、美容にもメリットがあるようです。

日光を浴びている時間というのも大事で、たとえば朝起きてカーテンを開けて、朝日を浴びるとそれだけで身体が覚醒していくものです。できる限り太陽が昇ってすぐに起きて、沈んでからは早めに寝るという生活に近づけるといいと思います。それが自然のリズムにもマッチしているので、いい影響を与えてくれます。

もちろん、夜勤だったりシフトワークだったりといった事情でゴールデンタイムに寝ることができない方もいると思います。その場合はあまり時間にとらわれ過ぎず、遮光カーテンをしっかり閉めていただくとか、心地よく眠れる寝室の環境をきちんとつくっていただければ大丈夫です。いずれにせよ、就寝してから1時間半後とか睡眠の前半に成長ホルモンが多くでるそうですので、その時間をちょっと意識して、質のいい睡眠をとれるように心掛けていきましょう。

よく寝ることは、金運はもちろん全体的に運気が上がっていきます。良質な睡眠がとれると顔にも艶も出てきて、それもいい運気を引き寄せます。寝不足で疲れている顔で「守られる人」になるのはちょっと難しいかもしれません。

起きてからのルーティンをつくろう

先程は僕の「ナイトルーティン」をご紹介しましたが、朝の「モーニングルーティン」もあるんです。

僕は朝シャワーを浴びるタイプなのですが、その際に行っていることが「シャワー瞑想」です。その日にすることを考えたり、昨日の振り返りも含めて、シャワーを浴びながら20分ぐらいを欠かさずやっていますね。シャワーというのは雑音が消え去って、自分の世界に入れる感じがするんですね。実は僕はもともと水泳部だったんですが、水の中に入った瞬間、泳いでいる瞬間って本当に無になれるんです。こうやって自分と向き合う時間はやはり大切にしているし、一日のどこかで必ずつくりたいと思っていたので、いまはここからスタートするようにしてますね。バチッと目が覚めますし、今日やることも明確になります。そういう状態から一日を始められることはとても気持ちがいいものです。

そしてもう一つ朝のルーティンで欠かせないことが、お水を飲むことです。僕は常温のミネラルウォーターを400ml飲んでいます。

朝に水を飲むと血流がとても良くなって、循環されていくので、命の水といわれているぐらいです。僕もこれは1日の中でもとても大切にしている時間です。結構、朝の水分不足で脳梗塞が起こることもあるそうですよ。気をつけたいですね。

また、皆さんに推奨していることとしては、挨拶をすることです。家族はもちろん、僕は猫にも挨拶をしています。そのほかにも神棚に挨拶をするとか、お家に挨拶をする、窓を開けて宇宙に挨拶をするのもいいですね。僕は神棚に挨拶をしていますが、これは神社でも同じなんですけれど、願い事はせずに、感謝を伝えることだけをしています。「昨日も無事に過ごせていい一日でした。ありがとうございます」といった感じです。1日や半月、1ヶ月などの節目で定期的に振り返りをすることはありますが、基本的には、感謝だけを伝えています。願い事が悪いわけではありませんが、やはり依存になってしまわないように気をつけています。神様の名前を呼んで挨拶をするというのもいいと思いますよ。

換気も推奨していることのひとつで、僕も必ず朝は窓を開けています。その後10分とか20分とか時間を決めて掃除をするのもいいと思います。ピンポイント掃除みたいに「今日はここをやろう」と場所を決めて掃除するのでもいいですね。簡単でいいので、朝のルーティンに掃除まで入れると、部屋を清潔に保つことも難しくなくなりますし、邪気を払ってから1日をスタートすると、とても気分よく過ごせます。

浄化で、より守られる部屋に

僕の動画を見て下さっている方なら、僕がティンシャや鈴といった音で浄化をしていることをご存知だと思います。人は、目は閉じられても耳はふさげませんから、愚痴とか暴言とか聞きたくないことも勝手に入ってきてしまいます。ティンシャやクリスタルチューナーの音は心が落ち着き、すごく晴々とした気分になると同時に、耳から入ってくる邪気も浄化してくれるのでお勧めです。朝に音で浄化をすると、クリアな気持ちになって一日を始められます。もしくは夜にこういう音を聴くと、身体や心がフラットになった落ち着いた状態で眠りにつけますし、寝室の浄化にもなります。

僕は動画だけではなく、講座やリアルイベントをやるときにも、必ずティンシャは鳴らしています。その一番の理由は、その場が浄化されて良い状態になるからです。さらに、ティンシャというのは、雑念を消す効果が大きくて、ネガティブな気持ちを失くしてくれるので、その状態から話を始めていった方が入りやすいということ。また、もともとティンシャというのはチベット密教のもので、ティンシャに彫られているマントラや図柄の恩恵が授かれるといわれていますから、僕がティンシャを鳴らすことによって、その呪文とか、神様のご真言とかが音を聴く人の中に入り、授かっていけるという意味も含めて鳴らしていますね。

これはティンシャを入手したいと考えている方への注意事項なのですが、僕が昔使っていたティンシャは鳴らしていてあまり心に響かないと思うところがあったので、素材を調べてみたら、かなり不純物が入っていました。銅はちょっとだけで不純物が多く入っていると、それこそ2000円でも売れるくらいに安くできるんですね。やはり銅だけだとすごく響きがよくて、浄化力も高くなります。ですから僕はちゃんとこだわって、手作りで作ってもらいました。ちなみにこの手作りのティンシャは僕のサイトでも販売していますので、ご興味のある方はぜひチェックしてみてください。またティンシャの図柄については、僕は龍と蓮にしていますが、これは好きな図柄でいいと思います。どういうご利益が欲しいか、といった観点から選んでいただくといいんじゃないかなと思いますね。

そして、浄化に使えるものとしては、音だけでなくお塩やお香やアロマなどの香りもあります。音が耳を浄化するというのと同じで、香りが鼻を浄化するという効果があります。鼻だけでなく、そこから入って脳にダイレクトに伝わりますから、香りは気分にも直接影響します。たとえば寝室に苦手な臭いが漂っていたら、すごく気持ちも悪い中で寝ることになりますし、これでは浄化にもなりません。香り自体が場の浄化にもなるので、いい香りをかぎながら寝るのはすごく大切ですね。

白檀とホワイトセージは神様が好きな香りといわれていて、金運アップにもいいと思います。そのほかにもお金が好きな香りは伽羅といわれていたり、ラベンダーは金毒を落とすといわれているので金運にもいい香りです。寝て守られる生活のためにも、こういった浄化の効果のあるお香やアロマをうまく取り入れていきましょう。

お塩は古くから穢れを落とし浄化をするといわれています。運を落とす邪気を祓ってくれるので、体が清められ良い運気がやって来る守りとなります。特に天然の海水から取れる粗塩に浄化の作用があるので粗塩を入れたお風呂に入ったり盛り塩をするのもいいですよ。

そして、もちろん祝運シールも浄化には欠かせません。寝室には必ず貼っていただきたいのですが、もし家族などに見られるのが恥ずかしいという場合は、目立つ場所ではなく枕の下などに貼っていただくのでもOKです。クローゼットも邪気が溜まりやすいところなので、ぜひ貼ってくださいね。

第5章

守ってもらえる行動、日常のルーティン

5章-1 そして守られる人へ…①
予祝でメンタルを整え
クローゼットを整理しよく寝るようになり
こんにちわー
最近どうですか！
守られるためのルーティンを積み上げてきた人好さん…
たかみーさん…
ついに私ここまできました…!!
リンゴーン!!
おお！ついに彼さんとご結婚ですか!?おめでとうござ…
いえ それはまだですけど…
たかみーさんが教えてくれた「白い服を着る」のルーティンですよ！
白が嫌いだった私が白い服を着るところまで来たんだなぁ…って思って！
せっかくだからオシャレしてみたの！
そうでしたか 確かに白は浄化の色ですから！GOODです！

特にー…白は運気の悪い「凶日」に自分を守るため身につけると良いって言ってましたよね！
そうです！
カレンダー
〝一粒万倍日〟や〝寅の日〟など吉日とされる日が有名ですが
同じように〝不成就日〟などの凶日もありますからね
吉
凶
そういった日はできるだけ自分から行動を起こさない！
不成就日
仏滅
ガード!!
大事なことや新しいことへのチャレンジなどは可能なら別の日にして自分を守りましょう
チャレンジ
大事なこと
ワンポイント
外から入ってくる仕事やお誘いを断る必要はないですよ！
あくまで〝自分から始めない〟ってことです
注
そして白を身につけたり粗塩をカバンにそっと入れたり
白い服
白
粗塩
軽い運動などで汗を流すのも心身の浄化になるのでオススメですよ
1.2.
3.4…

そして吉日が来たら大事な予定など一気にやっちゃいましょう!!
ワッ
会食
大事な予定
チャレンジ
連絡
アポイント
大放出!!
私はお金の支払いなども吉日を選ぶようにしています
いい日にいい気持ちで! 遅れない範囲でね
通帳
お～っ
RRR…
あ もしもしお母さん?
えっ今からランチ? お母さんのおごりで?
嬉しい! ありがとう もちろん行くよ!
ちょうどオシャレしてるし! すぐ行ける!
ワンポイント
凶日でも誘われたら断らなくてOK!
さっき習ったところだ!!
じゃあ私 行ってきます!
そうだ おごりのお礼に 昨日作ったクッキー持っていこう♡
…人好さん 今のあなたは

人との縁もよくつながって
ママ
彼
運
神様
クローゼット
しっかり守られているのを感じますよ!
…!
ありがとうたかみーさんのおかげです!
ホントに気持ちと部屋と寝ることと…
ちょっとのことですごく変われました!!
あとはもう6月に式を挙げるだけですから!!
ハイこれ招待状です♡
招待
プロポーズはまだですよね
予祝は特によくハマっているようですね
でも本当にそのポジティブなメンタルがいろいろ引き寄せてますからね!
だいじ!
人好さんもうあなたに直接お伝えすることはないでしょう
え?
ス…
これからはもうあなたの〝守られ力〟でやっていけます
たかみーさん…!

最後に この祝運シールと
この本
この本を授けましょう!!
バァァァァーン
シール!? 本!?
これって本だったんですか!?
メタ発言ですねー
この本には〝守られるための法則〟をできる限りつめこみました
ス
ちょっとしたコツで変われる事がたくさん!
疲れたとき 気が向いたとき 開いてみて下さいね
きっとこれからもあなたを〝守られる人〟にしてくれますよ
たかみーさん… ありがとうございました!
よし! お母さんとランチして! 元気とカロリー補給するぞ!
うおーっ
私の守られる人生は始まったばかりだ!!

守られてない人① 人好愛美 END!

自分で自分を守る、吉日のアクション

僕の動画でもよくご紹介しているのが、吉日のアクションです。基本的には、吉日はこれから自分が伸ばしていきたいとか、発展させたいことのために行動する日で、どちらかといえばアクティブな日だと思います。たとえば僕は、支払いはいい日にしかしないと決めています。いい日にいい気持ちで支払うことが大切ですし、逆に凶日は「守り」の日だと思っているので、その日には支払いを避けるのはもちろん、予定も極力入れません。

大事な予定を入れるのはすべて吉日にしています。なるべくこの日に一気にやろうといった感じで、結構吉日には予定を入れていることが多いです。特に重要な契約だとか、新しいことのスタートには吉日を選ぶといいですね。「え?でも取引先の都合がいい日が吉日じゃないんだけど…」などと悩まれる場合もあるかもしれません。でも大丈夫です。あくまで自分から悪い日を選ばないようにするのが肝心なので、相手のほうから提案された日にちを断る必要はありません。

また、これは吉日以外にも心掛けてほしいアクションですが、会話というのはとても重要です。人間はいろいろな人との関わりで生きていくものですし、運自体も人が運んでくるものだと僕は思っている

ので、何かしら言葉を発するようにしましょう。僕も昔、自分の部屋に引きこもって1日誰とも喋らなかった日もありましたが、悪いことを考えて負のスパイラルに陥ってしまったりして、ポジティブにならないことも多かったです。もし、どうしても誰かと話すのが難しかったら独り言でもいいと思うんです。朝のルーティンのところでお話ししたように、部屋に挨拶するとか、窓を開けて空に話しかけてみるとか。まずは言葉を発するようにしてみる。そこから「守られる生活」が始まります。

凶の日はこれで乗り切る

凶の日は、本当に「守り」の日だと思うので、極力大きな予定を入れない、新しいことを始めない、早く帰る、必要最低限のことだけにする。そのように、嵐が過ぎ去るのを待つような感じで過ごしていますね。ポイントはやはり自分から予定を入れないこと。凶が避けられたらそれだけで運気アップが期待できますよ。

日頃から僕は浄化を意識しているのですが、凶の日は基本として粗塩を持ち歩いたり、浄化にいい白いものを身につけるといいと思います。もちろん、先ほどお話ししたお香やアロマ、音も浄化ができますし、運動で汗を流すことも浄化になります。心を落ち着けるという意味では瞑想もとても有効ですし、思考の浄化をしたいときには日記などに自分の気持ちを素直に文章にしていくという方法もあります。思ったことをそのまま吐き出すように書くことで自分の心も整理されますし、感情も落ち着きます。

また、僕は「守られてる」と思えるものを常に身につけるようにしていて、今は屋久杉のブレスレットを愛用しています。屋久島は神様がいる島ともいわれているので、屋久杉にも神様は宿っていると考えています。ブレスレットからは屋久杉の香りもするし、守ってくれる効果も高いので、今は肌身離さずつけています。

そしてもちろん、この本の付録の祝運シールも皆さんのお守りにしていただきたいと思います。日常的に使うスマホやパソコンや手帳など仕事グッズに貼るのもいいと思います。人からは見えないところに貼るのでも大丈夫。大事なのは自分が守られていることを実感することです。結界を張るという意味で守られる上でもっとも重要な寝室にはぜひ貼ってください。どんどん活用していってくださいね。

5章ー2
そして守られる人へ…②
バァァァン
ついに念願の"起業"を果たした起山業
おおっ
GO‼チャンネルで動画配信する仕事は
起山業のGO‼チャンネル
一人で取材・撮影・編集・公開と大忙し‼
登録106人
100人突破‼
起山業のGO‼チャンネル
個人事業主《フリーランス》ですね!
これだって‼
一応は一国一城の主!独立ですよ‼
でも言葉に気を使う仕事なんで
たかみーさんの言う通り　汚い言葉を使わないようにガンバってますよ!
内容も言葉も相手を思うことを考えたり…
その意気です!
じゃないと炎上しちゃうんで…
もう何回か燃えました

ネタ帳もバッチリ作ってるんです！
おお！見せて下さい
ス…
起山ノート☆
どれどれ…
オォオ…
呪
もうイヤだあああぁ
ちくしょーめ
くそおおお
ヤダもうだめだ
!?
オット 間違えた！そっちは俺の愚痴ノートでした！
非公開 俺だけのやつ！
テヘッ！
バッ
起山ノート 裏
そうでしたか
いやぁ ハハ… こうやってどうしても吐き出したいのは書いてるんですけど …ヤバイっすかね
いえ むしろ
アッ
パ
GOODです！
えっ
悪い言葉を使わないのは大事なことですが あくまで自分の中だけでなら！ 思考の浄化になりますしとても良いことです！
思考の浄化…！
起山ノート

頭で思ったことをすべて言語化して吐き出して整理するんです
愚痴
うらみつらみ
ストレス
IN
素直に思ったまま悪い言葉でOK!
人間 悪い感情をまったく持たないなんて無理ですから
自分だけで処理してストレス発散することは大事だと思いますね
そして外に出す言葉はきれいなものを!
敬語
ほめ言葉
感謝
OUT
それが守られる人になるコツですね!
そう…おかげで俺のチャンネル結構評判いいんですよ!
起山業のヨイショコーナー!つつって相手をホメるコーナーとか
あんたすごいよ
エライじゃないっすか
いいね! 68
小銭最高!って一円でも見つけたり得したら喜びまくるシリーズも人気ですね
タンスから
10円ゲットォオォオ
いいね! 138
おお素晴らしい!

小さな幸せ 小さなお金を 喜べるのは
金運UP!
守られる人・金運UPへの近道ですよ!
おおっ
近道チャンス!!
お金が入ってくるのが当たり前だと思わない そこに気づける人は お金を大切にできる人ですから
一円だって大切な収入!
うんうん…
いや〜
会社員のときは毎月給料が入るのが当たり前だと思ってましたからね…
独立してみて そうじゃないって やっと気づきましたよ
お金を得るってすごいことです
その通り!
ウレシイ 今日めっちゃほめてもらえてる…
…うん、起山さん あなたもきっと もう大丈夫!
えっ
これからも良い言葉と行動で人とつながり守られる人になって下さいね!
たかみーさん…!

待ってください
あの…
あ　そうそう
あなたにも
これを
渡しましょう
ゴソ
ゴソ
祝運シールとこの
お守りの法則の本!!
この本
じゃじゃん!
目標や心掛けを
忘れそうになったときは
これを
見て思い出して下さいね!
ありがとう
たかみーさん…
それでですね
オレが言いたいのは
それでは…
あっ
待ってってば
たかみーさん!!
スゥ…
最後に
これだけは
言わせて!!
今度!!　オレと
コラボ動画やって
下さいねぇえっ…!!
約束ですよォォォォ
ええと……
それはいつか
考えておきます!

守られてない人② 起山 業 END!

美しい言葉と行動で守られる

口に出す言葉は守られるためにもとても大事ですから、僕も汚い言葉は基本的に使わないように心掛けています。特に相手への伝え方は気にしていて、どんなに仲が良くても礼儀を忘れないように心掛けていますね。それから、僕はあまり「難しい」という言葉は使いません。文章で書く場合も同様です。なぜなら、「難しい」と口で言ったり書いたりしてしまうと、自分の可能性を狭めてしまうからです。困難なものがあったとしたら、「やりがいがある」といったような可能性が広がる言葉にして使います。また、何か偶然にいいことがあったら、「今日は運がいいね」「今日もいい日だね」と、口に出して言うようにしています。僕は「運がいい」という言葉はとてもよく使いますし、基本的にポジティブな言葉を選んで使っています。

今の自分の言葉をポジティブな言葉に変えていく、特に口癖を変えていくことはとても大切です。もし「お金がない」というのが口癖だとしたら、それはお金に対するブロックがかかっているということです。それだけで金運を下げてしまいますので、まずは「たまたま現金の持ち合わせがない」というくらいに変えてみましょう。実際にはそうでなくても、「たまたま」と付けるだけで「いつもはお金があるんだ」と潜在意識に刷り込まれ、お金のブロックがなくなっていきます。そして、願望系の言葉も要注意です。「お金持ちになりたい」と言ったなら、それは裏を返せば、今はお金持ちではないということになります。これだと逆にお金が逃げていくので、願望として言いたい気持ちはあると思いますが、ちょっとニュアンスを変えて「お金持ちになりつつある」というような言葉にするといいかなと思います。

小さな幸せを喜ぶことで守られる

「今日は運がいいね」という言葉を本当に小さな出来事に対しても使うようにしてみてください。さいなことは流してしまうこともあるかと思いますが、ずっと意識していると感受性も強くなってきて、たくさんのいいことを発見できるようになりますよ。たとえば、親子丼を頼んで味噌汁がついてたら、運がいい。バスを1本逃してしまったけれど次のバスで座れたら、運がいい。予定がドタキャンになったけれど、その分多く寝られるから、運がいい。物事には必ず表と裏があると思いますが、こうやって、物事のいい面だけを見るようにしていくと、より多くのいい面に気づくようになり、それに対して運がいいと思えるようになると、感謝もすごく感じるようになります。そうなると毎日が心地よくなって、いい循環がつくれるんですね。小さな幸せに気づけると、やがてそれが大きなことを引き寄せてきます。

僕も先日還付金で7円の臨時収入があったのですが、やはり嬉しいですし、お金が入ってくることを喜ぶのはとても大事だと思います。会社員の方などでお給料が入るのは当たり前のように思っている方もいると思います。かつては僕自身もそうでした。有給という、休んでもお金がもらえるシステムまであるなんて、なんてありがたいことだろうと今は思いますが、当時は給料も有休も当たり前だと思っていました。感謝の心が本当に欠けていました。これでは結果的にお金の流れを止めてしまうんですね。

「守られている人」は、ピンチのときでも運がいいと思える人です。ピンチとは、ホップステップジャンプと飛ぶためにしゃがんでる状態だと僕は思います。深くしゃがんだ方が高く、遠くにジャンプできますよね。このようにぜひ、運のいい側面を見て感じるようにしていきましょう。

5章-3
そして守られる人へ…③
いやぁ健田さんは本当に…
別人のようになりましたね!!
Before
私まだ30代よ！
すごくお若い！
そうだったんですか
パァ…！
たかみーさんの言う通り
自分を大切にして部屋を整えてたっぷり寝て…
そうしたら
毎日ごはんも美味しくて！
もりもり食べてこうなりました!!
素晴らしい！
ごはんも守られるのに大切な要素です！

「食事で守られる法則」！
特にお米の〝ご飯〟にはパワーがありますよ
年貢
七人の神様
昔はお金の代わりでもありましたし
一粒一粒に神様が宿るともいわれていますね
すべての物はエネルギーですから！
口に入れ体を作るエネルギーも己を高めるものがオススメですね
腐ったもの、古いもの、添加物が多すぎるものなどはやはり良くありません
昭和〇×年
あと運気的には繁盛しているお店に行くのも良いですよ！
定食屋
めし
ワイ ワイ
へえ！
人気・活気がある所が運気もとても良いのはもちろんですし
商売繁盛！

お客さんの回転がよければ食材もいつも新鮮！
店員さんも店内に活気に満ちていて良い気も浴びられます
これおいしー
いらっしゃいませー！！
よし！お昼は気になっていた人気イタリアン行ってみよ！
ちょうどパスタ食べたかったの
〝食べたいもの〟を食べるのも大事！
…本当に表情も良くなりました
あなたの所に来れてよかった！
シールはスマホケースに入れてます！
たかみーさんと祝運シールのおかげです…！
私なんて…って諦めていたのに守られたい人とつながりたいって思うようになれました
ー…
そこでねたかみーさん
このシールなんですけど

今 つらい毎日を過ごしている友人に心のよりどころになるって伝えて渡したいと思っているんです…
私はもう大丈夫だから…
おお…!
素晴らしいです!
ぜひ!
良かった!
ほっ
「守り」を手放すなんて良くない!って言われたらどうしようかと
いえいえ 誰かにあげるのは行動としてもすごく良いですよ
大切なものを渡すこと自体がその人との間のつながり・守りにもなりますし
守られてほしいという相手を思う気持ち
まさに「GIVE」です!
それは巡り巡っていつかきっとあなたに返ってきますよ
ぐる
ぐる
わぁ…!

ありがとう
たかみーさん
わたしこれからも
守られるように
生きていくわ！
ええ！
これからも
応援して
いますよ…！
スウ…
消えた！
こうして
心配だった皆さんが
守られるようになり
相手の所へ行く
不思議なパワーは
なくなりました
しん…
でも
ピロンッ
ピロン
！
ま…まだまだ
守られたい人が
こんなに!!
HELP
ME…！
PC
是非　皆さんも
この本で！
祝運シールで!!
守られる人に
なって下さい
ね――!!
この本
たかみーさんの
守られる人を増やす
戦いはまだまだ
続く…!!

守られてない人③ 健田 康子 END!

「食事」で守られる

守られる生活のためには、食事についても考えていきたいものです。食事で口にするすべてのものにはエネルギーが入っています。それを食べて体内に入れることによって、体を守り、高めていくことができるのです。

僕は毎朝、納豆をご飯にかけて食べています。好きだからでもありますが、納豆ご飯は最強の開運フードだと思っているからです。まずお米は昔お金の代わりにも使われていたくらいで、神様が宿っているともいわれています。納豆については豆もいいですし、ネギは浄化にいい、卵も金運にいいといわれているんです。開運フードとして、僕は一つひとつの産地などにもすごくこだわっています。

逆にやめた方がいいのは、食べ物の場合は古いもの。賞味期限が切れているものはもちろん、古いものはエネルギーの波動が下がっているので避けましょう。また、添加物や不純物を加えているものは、やはりよくないです。添加物をとりすぎると、お肌にも出てしまうことがありますが、それは中に溜っている悪いものを外に出そうとする、ひとつの表れです。ですから僕は加工品などもあまり食べないようにしています。

朝のルーティンで４００mlの水を飲むと申し上げましたが、僕は一日を通して、水を多くとるように意識しています。基本的には波動が高そうな産地を選んで、自分に合ったものを飲むようにしています。パワースポットの水はエネルギーも高いので、いろいろ試しています。それこそ、富士山の水もいいですし、最近のお気に入りは阿蘇の水です。屋久島の水というのもあって、とてもおいしいですよ。

外食の場合、行きたいのは接客がいいお店、きれいなお店、運がいいお店です。運がいいというのは、すごく繁盛しているお店のことです。運がいい繁盛店は賑やかで活気もあり、回転もいいので食材も新鮮です。実は僕の動画でも繁盛店のお釣りをもらうという金運アップのアクションがあります。商売繁盛のいい気が溢れているお店は、人気も集まっているし、お金も集まるので良い気が巡り、運気を上げるにはお勧めなんです。また、これはお家で食べる場合も同じですが、夕食は1日の最後に食べるものなので、楽しい時間を過ごして、気持ちがよくなる状態になることも大切です。

食事にこだわるのと同じように、日常的に使うお箸や茶碗といった食器にもこだわってみましょう。自分の身体をつくるもとになる大切な食事を載せるのですから、やはりすごく大切なんです。お茶碗やお皿は欠けてしまったら、もう壊れてることになるので、それはもう使わないようにしましょう。これは金運を下げてしまうことになります。食器は土でできていますが、五行では土は金を生み出すものを意味します。ですから僕は食器がどこでつくられているかにもこだわりますし、気に入ったものを買うようにしています。ただやはり壊れやすいものなので、あまり高価な食器を日常使いしたくないという方もいらっしゃるでしょう。そういう方はちょっと大事なときだけいいものを使うのでもいいと思います。

また僕はお箸も定期的に、お気に入りのものに取り換えています。皆さんの中にも年越のときやお正月だけしか使わないお箸をお持ちの方がいると思います。このようにお箸も昔から神聖なものとして大切にされてきたものなんです。やはり気を配りたいですね。

「お裾分け」で守られる

実家から美味しい果物を送ってもらったとか、行列のできる店の食べ物をラッキーにも買えたとき、もしくは手作りのお菓子がとてもおいしくできたときなどには、思わず家族やお友達やご近所に「お裾分けしよう!」と思うのではないでしょうか。自分の幸せは人と分かち合いたいと思うものです。幸せを分け与える、これはまさにギブアンドテイクのギブにも当たるもので、こういった「お裾分け」からも、守られる生活が始まっていきます。

このような理由から、付録の祝運シールを家族や友人にあげるのもいいかもしれません。あげることでその人との関係の守りにもなり、いつまでも良好な間柄でいられることでしょう。それにシールを友だちにプレゼントするなんて、おそらく小学生以来ですよね（笑）。新鮮でいいと思いますよ。

祝運シールはスマホやパソコンなど日常使うものに貼るのでもいいですが、浄化にもなるので、寝室には1枚以上貼りましょう。祝運シールを寝室に貼るからこそ、守りが完成します。たとえばあまりよくない天井の梁に貼るというような使い方をしてもOKです。貼ってから時間が経過してはがれてしまったら、お礼を言ってお別れしましょう。お守りなので1年を目安に貼り替えていただければ、より守られますよ。

おわりに

最後までお読み下さり、

ありがとうございました。

これまで僕は書籍や、YouTubeの動画などでいろいろ運気アップの解説をしてきましたが、今回こげのまさき先生のお力を得て、漫画に描いて、図解をして、一つひとつを紐解いていくということを初めて試みました。このような形式をとることで、言葉だけではなく視覚からも情報が飛び込んでくるので、とてもわかりやすくお伝えできたのではないかと思っています。

僕は、運というのは積み重ねだと思っています。本書をお読みいただいた皆さんには、ぜひご紹介した開運法を実践していただきたいのですが、さすがに一気に全部をやることは難しいと思います。まずは何かできることから始めていって、一つずつそれを増やしていってください。

大事なのは毎日少しずつでも続けることです。毎日やることによって、やがてそれが習慣化していきます。習慣になったら、今度は生活が変わってきます。生活が変われば、運気も変わり、運気が変われば、人生が変わっていきます！

この積み重ねに加えて、常に「守られている」ことを実感できるよう、貼るだけで守られる！「祝運シール」をつくりました。これを貼るだけで、きっと自信も持てるはずですし、自分は1人ではない、いつも周りに助けてもらっている、神様に見守られている、といったことがすんなり理解でき、孤独感とも無縁の生活になると思います。本書の目玉ともいえる、このたかみー特別監修の「祝運シール」は、パワーを込め、細部までこだわり抜いてつくりました。これが最強のお守りとなり、あなたも、住空間も、最高にいい状態になると確信しています。ぜひ、ご活用いただきたいと思います。そして、このシールは周りの皆さんにもお裾分けしてあげてくださいね。大切な人には本書をプレゼントしてあげるのもいいと思います。幸せは分け与えることで倍増していきますよ！

大丈夫、あなたは守られています！　そして、本書と祝運シールを通じてさらに強い守りを得て、皆さんが幸せな人生を歩まれますことを切に願っています。

＜図解＞
これで完璧！
守られているお部屋

図解 これが"守られる部屋"です!! ～寝室・自室編～

図解 これが"守られる部屋"です!! ～リビング編～

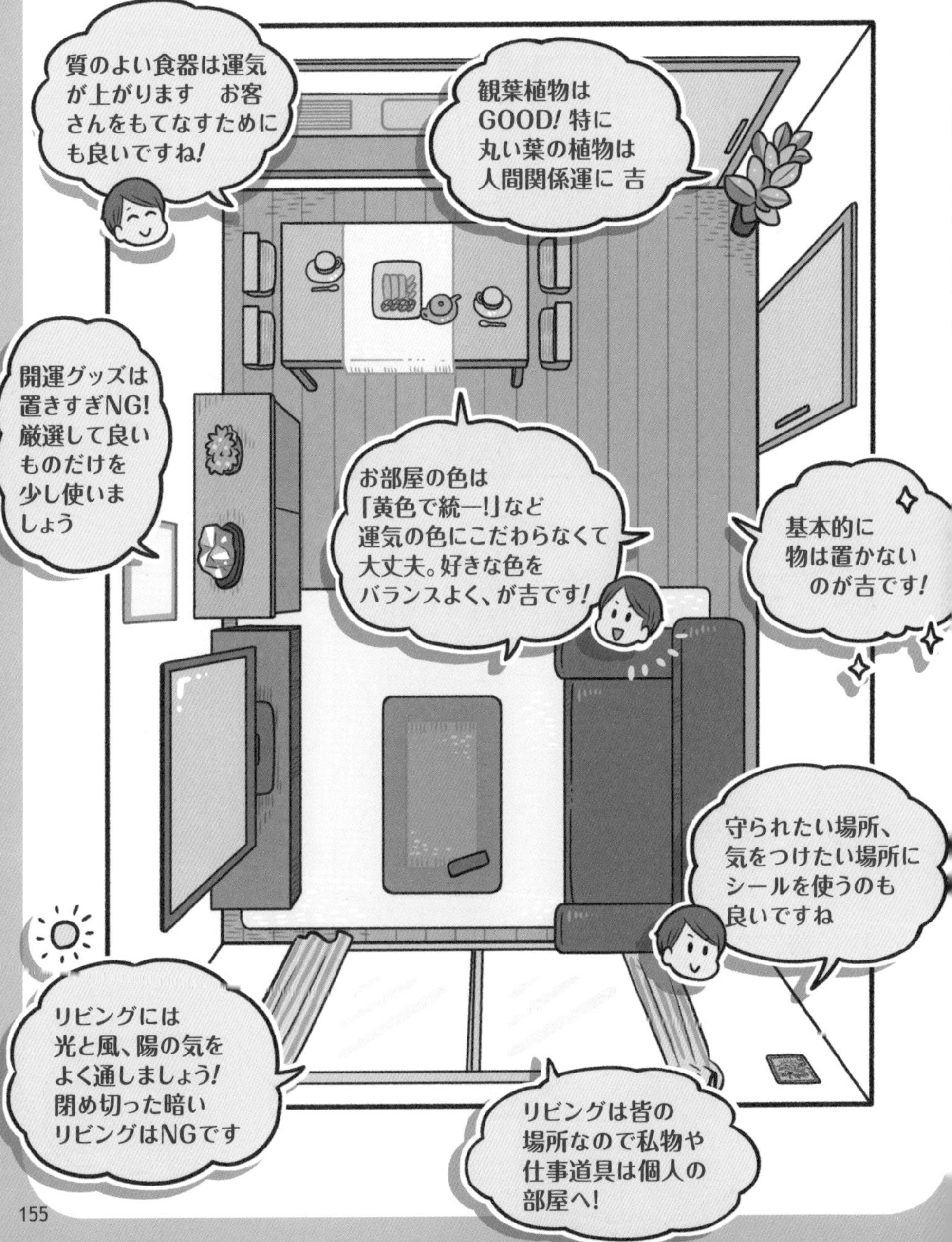
質のよい食器は運気が上がります　お客さんをもてなすためにも良いですね!
観葉植物はGOOD! 特に丸い葉の植物は人間関係運に 吉
開運グッズは置きすぎNG! 厳選して良いものだけを少し使いましょう
お部屋の色は「黄色で統一!」など運気の色にこだわらなくて大丈夫。好きな色をバランスよく、が吉です!
基本的に物は置かないのが吉です!
守られたい場所、気をつけたい場所にシールを使うのも良いですね
リビングには光と風、陽の気をよく通しましょう! 閉め切った暗いリビングはNGです
リビングは皆の場所なので私物や仕事道具は個人の部屋へ!

図解 これが"守られる部屋"です!! ～キッチン・水回り編～

図解 これが"守られる部屋"です!! ～玄関編～

IN!
観葉植物はGOOD! 玄関から入ってくる良い気を刺さないようトゲのない植物がオススメです
玄関は外からの良い気や神様、お客さんを迎える大切な所! 守られるためにも重要なポイントです
扉には何もつけないようにしましょう
鏡
靴は日中は使う分(家族の人数分)だけ出して、夜は靴箱にしまうようにしましょう
玄関も基本的に余計な物を置かない方がいいですね
祝運シールを使う場合は室内側から見て左側がオススメです
玄関の向かいに鏡を置くのは良い気をはね返してしまうのでNG! 横に配置するのがいいですね

本書特製〝祝運シール〟の使い方

ここでは本書に付いている〝祝運シール〟について
使い方やオススメの貼り場所をお伝えしますね
デザインは〝鳳凰と龍〟あなたを守護してくれる聖獣をデザインしました
鳳凰
龍
身につけたり
貼らないでケースやお財布の中に入れてもOK!
スマホ
お財布
手帳
〝守られたい場所〟に貼ったりして下さいね
キッチン
(水に濡れないように)
寝室
一日の中で居る時間の長い寝室に貼るのがオススメです
その場合鳳凰の方角である南、または青龍の方角の東に貼るとよいでしょう
南
心のよりどころに、邪気払いにと活用して下さいねあなたが〝守られている人〟になりますように!

特別付録

貼るだけで守られる！“祝運シール”

1. スマホやパソコンなど日常使うものや結界を張りたい場所にシールを貼りましょう。 他人に見られたくない人は、自分が「守られている」ことを感じられれば、スマホケースの裏など目につかないところに貼っても大丈夫です。

2. 特に守られたいと思うところには大きいシールを貼るのがお勧め。

3. お財布の中など貼りにくい場所には台紙ごと切って入れておくのでもOK。

4. 家族や友人など好きな人にプレゼントするのももちろんOK。 逆に苦手な人に送ることによって、その人との関係の守りにもなります。

5. 祝運シールはお守りですので、1年をめどに貼りかえることを推奨します。

6. はがれてしまったシールはお礼を言って処分をし、新しいものに貼りかえましょう。

友だち登録で素敵なプレゼントが！
たかみー公式LINE
友だち登録は下記のQRコードから

LINE

祝運シールは巻末にあります！

【著者プロフィール】

たかみー

金運上昇にまつわるさまざまなことを伝える金運師。YouTube「金運上昇チャンネル」を運営し、登録者数は26万人を突破。

金融会社で3年6ヶ月連続営業成績1位を達成し、飲食店を開業するも、人間関係で悩み、自殺未遂、引きこもりを経験した時代に1500万円の借金を抱える。「目先のお金を追う」から「お金を含め、他者のことを考える」ようにした結果、あとからお金が入ってくるようになり借金完済。以後、前を向けずに苦しんでいる方に寄り添い、1人でも多くの方が前向きに人生を踏み出せるようにと発信を続ける。

著書に、万年暦、マヤ暦、通書を掛け合わせてつくった独自の理論を紹介する『金運年鑑』(かんき出版)、『鳳凰の金運上昇アクション』(KADOKAWA)がある。

こげのまさき(マンガ)

漫画家、イラストレーター。わかりやすい絵でのエッセイ漫画や解説漫画を得意としている。

著書、漫画担当に『金運年鑑』(かんき出版)、『「バナナ腰」を治せば、体の不調が消える！』(小学館)、『マンガでわかる! 岩田美貴の世界一やさしいFP3級』(KADOKAWA)ほか。

寝《ね》るだけで運《うん》が良《よ》くなるお守《まも》りの法則《ほうそく》

2023年12月 4日　第1刷発行
2024年 1月11日　第2刷発行

著　者――たかみー、こげのまさき(マンガ)
企画・マーケティング――小山竜央
発行人――西川隆光
発行所――株式会社アルカディア出版
〒104-0061　東京都中央区銀座6-6-1　銀座風月堂ビル5F
TEL 03-6215-8423　FAX 03-6215-8700
Mail info@arcadia7.jp
発売元――株式会社星雲社(共同出版社・流通責任出版社)
印刷所――恒信印刷株式会社
本文組版――有限会社グラフ
編集協力――合同会社FRIDAY NIGHT Company

2023 Printed in Japan　ISBN978-4-434-32733-9

特別付録 貼るだけで守られる！ “祝運シール”
(使い方はP158～をご参照ください。)